Gestão de custos

Central de Qualidade — FGV Management
ouvidoria@fgv.br

PUBLICAÇÕES FGV Management

SÉRIE GESTÃO FINANCEIRA, CONTROLADORIA E AUDITORIA

Gestão de custos

2ª edição

Alfredo Augusto Gonçalves Pinto

André Luis Fernandes Limeira

Carlos Alberto dos Santos Silva

Fabiano Simões Coelho

FGV management

FGV EDITORA

ISBN — 978-85-225-0691-0

Direitos desta edição reservados à
EDITORA FGV
Rua Jornalista Orlando Dantas, 37
22231-010 — Rio de Janeiro, RJ — Brasil
Tels.: 0800-21-7777 — 21-2559-4427
Fax: 21-2559-4430
e-mail: editora@fgv.br — pedidoseditora@fgv.br
web site: www.fgv.br/editora

Impresso no Brasil / *Printed in Brazil*

Os conceitos emitidos neste livro são de inteira responsabilidade dos autores.

1ª e 2ª edições — 2008
1ª e 2ª reimpressões — 2009

Preparação de originais: Claudia Gama

Editoração eletrônica: FA Editoração

Revisão: Aleidis de Beltran, Mauro Pinto de Faria e Tatiana Viana

Capa: aspecto:design

Ilustração de capa: André Bethlem

Pinto, Alfredo Augusto Gonçalves

Gestão de custos / Alfredo Augusto Gonçalves Pinto, André Luis Fernandes Limeira, Carlos Alberto dos Santos Silva, Fabiano Simões Coelho. — 2. ed. — Rio de Janeiro: Editora FGV, 2008.
140 p. — (Gestão financeira, controladoria e auditoria)

Acima do título: Publicações FGV Management.
Inclui bibliografia

1. Contabilidade de custo. 2. Contabilidade de custo — Brasil. 3. Custeio baseado em atividades. 4. Controle de custo. I. Limeira, André Luis Fernandes. II. Silva, Carlos Alberto dos Santos. III. Coelho, Fabiano Simões. IV. Editora FGV. V. FGV Management. VI. Título. VII. Série.

CDD - 657.42

*Aos nossos alunos e aos nossos colegas docentes,
que nos levam a pensar e repensar as nossas práticas.*

Sumário

Apresentação

Este livro compõe as Publicações FGV Management, programa de educação continuada da Fundação Getulio Vargas (FGV).

Instituição de direito privado com mais de meio século de existência, a FGV vem gerando conhecimento por meio da pesquisa, transmitindo informações e formando habilidades por meio da educação, prestando assistência técnica às organizações e contribuindo para um Brasil sustentável e competitivo no cenário internacional.

A estrutura acadêmica da FGV é composta por oito escolas e institutos: a Escola Brasileira de Administração Pública e de Empresas (Ebape), dirigida pelo professor Bianor Scelza Cavalcanti; a Escola de Administração de Empresas de São Paulo (Eaesp), dirigida pelo professor Francisco Mazzucca; a Escola de Pós-Graduação em Economia (EPGE), dirigida pelo professor Renato Fragelli; o Centro de Pesquisa e Documentação de História Contemporânea do Brasil (Cpdoc), dirigido pelo professor Celso Castro; a Escola de Direito de São Paulo (Direito GV), dirigida pelo professor Ary Oswaldo Mattos Filho; a Escola de Direito do Rio de Janeiro (Direito Rio), dirigida pelo professor Joaquim Falcão; a Escola de Economia de São Paulo (Eesp), dirigida pelo professor Yoshiaki Nakano; o Instituto Brasileiro de Economia (Ibre), dirigido pelo professor Luiz Guilherme Schymura de Oliveira. São diversas unidades com a marca FGV, trabalhando com a mesma filosofia: gerar e disseminar o conhecimento pelo país.

Dentro de suas áreas específicas de conhecimento, cada escola é responsável pela criação e elaboração dos cursos oferecidos pelo Instituto de Desenvolvimento Educacional (IDE), criado em 2003 com o objetivo de coordenar e gerenciar uma rede de distribuição única para os produtos e serviços educacionais da FGV, por meio de suas escolas. Dirigido pelo professor Clovis de Faro, o IDE engloba o programa FGV Management e sua rede conveniada, distribuída em todo o país (ver www.fgv.br/fgvmanagement), o programa de ensino a distância FGV Online (ver www.fgv.br/fgvonline), a Central de Qualidade e Inteligência de Negócios, o Programa de Cursos Corporativos e uma Direção Acadêmica. Por meio de seus programas, o IDE desenvolve soluções em educação presencial e a distância e em treinamento corporativo customizado, prestando apoio efetivo à rede FGV, de acordo com os padrões de excelência da instituição.

Este livro representa mais um esforço da FGV em socializar seu aprendizado e suas conquistas. Ele é escrito por professores do FGV Management, profissionais de reconhecida competência acadêmica e prática, o que torna possível atender às demandas do mercado, tendo como suporte sólida fundamentação teórica.

A FGV espera, com mais essa iniciativa, oferecer a estudantes, gestores, técnicos — a todos, enfim, que têm internalizado o conceito de educação continuada, tão relevante nesta era do conhecimento — insumos que, agregados às suas práticas, possam contribuir para sua especialização, atualização e aperfeiçoamento.

Clovis de Faro
Diretor do Instituto de Desenvolvimento Educacional

Ricardo Spinelli de Carvalho
Diretor Executivo do FGV Management

Sylvia Constant Vergara
Coordenadora das Publicações FGV Management

Introdução

Atualmente a administração de empresas exige uma visão multidisciplinar dos gestores. Muito se fala de modernas técnicas de administração financeira e operacional e, principalmente, da concorrência, interna e externa, como fonte inesgotável de complexidade no crescimento dos negócios.

Entretanto, esquecemos que os conceitos introdutórios às ciências da administração financeira são fundamentais aos gestores, pois o seu desconhecimento leva à interpretação inadequada dos rumos do negócio, bem como dos destinos escolhidos pelos concorrentes.

A idéia de proporcionar ao leitor, sempre com o enfoque gerencial, o entendimento dos conceitos básicos para a gestão de custos, suas classificações, a estruturação das informações, os principais métodos de custeamento dos produtos, os sistemas de acumulação de custos e os principais modelos gerenciais para a tomada de decisão — como o modelo de margem de contribuição, ponto de equilíbrio e formação de preços baseada em custos — inspirou-nos na elaboração deste livro.

O livro está dividido em quatro capítulos. O primeiro apresenta a importância da contabilidade de custos para o controle e a gestão, com qualidade, de uma operação. O termo operação não chega por acaso; afinal, o controle de custos envolve os ambientes fabris, comerciais e de prestação de serviços. Para o leitor, entender esse fato é de fundamental relevância. Ainda no primeiro capítulo, destacamos as principais terminologias contábeis, informando as diferenças de registro e apropriação existentes entre os conceitos de gastos, custos, despesas, investimentos, perdas e desembolso. Abordamos as classificações para os custos — que podem ser diretos, indiretos, fixos e variáveis — e os dois principais sistemas de acumulação de custos: por processo e por ordem de serviço.

No segundo capítulo, são detalhados os três principais métodos de custeio: absorção, direto (variável) e ABC (*activity based costing* — em português, custeamento baseado em atividades). Nosso objetivo nesse capítulo é apresentar ao leitor as diferenças conceituais no trato dos custos entre os métodos, os objetivos gerenciais de cada um e comparar, por meio de uma única demonstração, os três critérios.

No terceiro capítulo, destacamos as informações gerenciais que nos possibilita o método de custeio direto (variável), como a análise da relação custo-volume-lucro, os cálculos de margem de contribuição, ponto de equilíbrio, margem de segurança e grau de alavancagem operacional (GAO).

No quarto capítulo, apresentamos aspectos da formação de preços baseada no método de custeio direto (variável).

Na conclusão, buscamos apresentar ao leitor a importância do planejamento e controle dos custos para a adequada gerência em qualquer tipo de operação. Detalhamos quais são os conhecimentos fundamentais para que, na sua análise e decisão, não ocorram erros devido à ausência do conhecimento básico dos conceitos necessários ao gestor.

1

Objetivos da contabilidade de custos

Elaboramos este capítulo para apresentar um breve histórico sobre a contabilidade de custos e a sua importância no ambiente empresarial, detalhando as principais terminologias, a classificação dos custos, os sistemas de acumulação e as nomenclaturas envolvidas na apuração dos custos fabris.

Breve histórico sobre a contabilidade de custos no Brasil

Durante as décadas de 1960 a 1980, o Brasil viveu um longo período de processo inflacionário, com o seu mercado interno fechado. As empresas, na sua gestão operacional, procuravam produzir, comercializar ou prestar serviços praticamente sem controles administrativos na operação, porém com grandes controles financeiros, principalmente no que diz respeito à remarcação dos seus preços.

Esse processo tornava o controle de custos algo desnecessário. Afinal, remunerávamos os estoques com a sua remarcação e, nessa ciranda, todo e qualquer erro na gestão da operação poderia ser facilmente repassado ao cliente mediante a elevação de preços, que as empresas alegavam ser referente, exclusivamente, à perda do poder aquisitivo da moeda. Entretanto, observamos ser esse processo inerente a uma proposta focada na visão financeira, já que a percepção econômica se perde em um cenário inflacionário.

Tal cenário sofreu seu primeiro abalo no início da década de 1990, com a abertura do mercado interno brasileiro aos produtos e empresas estrangeiras. Chegava ao Brasil o conceito de concorrência internacional.

Apesar da abertura aos produtos e às empresas estrangeiras, somente com o Plano Real, em 1994, tornamos razoáveis os índices inflacionários e, com isso, criamos toda uma necessidade de conhecimentos e controles empresariais.

Esse novo ambiente empresarial fez com que muitas empresas nacionais deixassem de existir ou tivessem de passar seus controles acionários para empresas estrangeiras, seja pela falta de capacidade para administrar suas operações, seja pelo grande poder de capitalização dessas organizações internacionais.

Os gestores passaram a ter necessidade de informações muito variadas. Afinal, a sobrevivência em ambiente competitivo requer conhecimentos diversificados sobre os produtos/serviços produzidos/comercializados e, nesse contexto, a contabilidade de custos voltou a fazer parte dos controles fundamentais para a adequada gestão empresarial.

A contabilidade de custos, com todo o seu ambiente de interpretação dos diversos tipos de atividades e sua flexibilidade gerencial, tem como característica primária oferecer ao gestor a capacidade de gerar informações que permitam o planejamento das ações no ambiente operacional e, consecutivamente, medir os efeitos desse planejamento nos diversos setores da organização.

A necessidade de planejamento das operações torna-se fundamental por possibilitar à empresa maior capacidade de controle sobre as suas ações no presente e as ações futuras. Esses dois elementos, planejamento e controle, permitem maior qualidade no processo de tomada de decisão por parte dos gestores nos diversos ambientes da empresa, operacionais ou administrativos.

Neste momento, acreditamos ser relevante um rápido retorno aos motivos que fazem com que esses dois elementos, o planejamento e o controle das operações, possuam tamanha importância no processo empresarial.

Segundo a nossa percepção, o desejo de comercializar produtos ou serviços tem as suas origens no próprio desenvolvimento do homem. Esse desejo, no passado, fundamentava-se no trabalho individual para a sobrevivência; porém, nos tempos modernos, a produção em grande escala busca alcançar dois objetivos: o crescimento patrimonial, que no ambiente contábil definimos como lucro, e a conquista cada vez maior de novos mercados, que chamamos empresarialmente de participação mercadológica.

A contabilidade de custos vem ao encontro desses objetivos quando se propõe a fornecer informações para os gestores sobre esses dois elementos, baseada, como explicamos, no planejamento e no controle das operações.

É fundamental, para o leitor, diferenciar o cálculo do lucro sob o aspecto da contabilidade geral e o cálculo do lucro na contabilidade de custos. Afinal, na contabilidade geral esse cálculo envolve o conceito de apuração do resultado, ou seja, representa o lucro de decisões já tomadas pela empresa nos seus diversos ambientes gerenciais. Na contabilidade de custos, o cálculo do lucro envolve uma percepção anterior à decisão de vender ou não um produto, aceitar ou não uma proposta de preço por parte do cliente, participar ou não de uma concorrência ou a que preço concorrer, aumentar ou não a capacidade produtiva, investir ou não em novo maquinário, substituir um fornecedor ou negociar preços melhores para a aquisição de insumos para a produção, ou seja, avaliar antecipadamente os efeitos no lucro futuro de decisões que serão tomadas hoje, envolvendo o comportamento dos fatores analisados. Na nossa visão, as empresas e os gestores que possuem a capacidade de avaliar antecipadamente esses efeitos serão aqueles que deverão manter-se nesse novo mercado globalizado.

Com respeito ao crescimento mercadológico, a contabilidade de custos apóia as diversas áreas, seja financeira, de marketing, operacional ou comercial, na avaliação do desempenho de determinado produto/serviço, fazendo essa avaliação em conjunto com os objetivos de lucro da empresa.

Feita esta introdução aos objetivos da contabilidade de custos, destacamos que no ambiente contábil existem diversas nomenclaturas que são apresentadas no ambiente empresarial com significados diferentes e essa profusão de nomes para um mesmo conceito, em diversas situações, dificulta a correta classificação e entendimento, por parte do usuário, da informação contábil.

Terminologias de custos

As terminologias mais utilizadas no ambiente da contabilidade de custos são: gasto, investimento, custo, despesa e perda.

Gasto

Esforço que a entidade realiza para a obtenção de um bem ou serviço, representado por entrega ou promessa de entrega de ativos. O gasto se concretiza quando os serviços ou bens adquiridos são prestados ou passam a ser de propriedade da empresa.

Ao leitor, cabe ressaltar que saídas de caixa para atender a aquisição de um bem ou serviço representam desembolso. O desembolso pode ocorrer antes, durante ou após a entrada da utilidade comprada, portanto defasada ou não do gasto.

São exemplos:

- gasto com mão-de-obra (salários e encargos sociais) = aquisição de serviços de mão-de-obra;
- gasto com aquisição de mercadorias para revenda;
- gasto com aquisição de matérias-primas para industrialização;
- gasto com energia elétrica = aquisição de serviços de fornecimento de energia;
- gasto com aluguel de edifício (aquisição de serviços);
- gasto com reorganização administrativa (serviço).

Investimento

Gasto com bem ou serviço ativado em função de sua vida útil ou de benefícios atribuíveis a períodos futuros.

São exemplos:

- aquisição de móveis e utensílios;
- aquisição de imóveis;
- despesas pré-operacionais;
- aquisição de marcas e patentes;
- aquisição de matéria-prima (estoque);
- contas a receber.

Custo

Gastos acumulados para executar uma atividade, fabricar um produto ou adquirir uma mercadoria.

São exemplos:

- salários do pessoal da produção;
- matéria-prima utilizada no processo produtivo;
- mercadorias para venda;
- combustíveis e lubrificantes usados nas máquinas da fábrica;
- aluguéis e seguros do prédio da fábrica;
- depreciação dos equipamentos da fábrica;
- gastos com manutenção das máquinas da fábrica.

Despesa

Gastos com bens e serviços consumidos direta ou indiretamente com a finalidade de obtenção de receitas.

Em termos práticos, nem sempre é fácil distinguir custos e despesas (gastos). A forma como os gastos impactam o resultado redefinirá sua classificação. Se esses gastos não impactam o resultado, mas o farão no futuro, serão estocados e, portanto, representam investimentos. Se esses gastos impactam o resultado de forma direta, ou seja, são os responsáveis diretos pela geração de receita, representam custo das mercadorias vendidas, custo dos produtos vendidos ou custo dos serviços prestados. Se esses gastos impactam o resultado de forma indireta, ou seja, são responsáveis indiretamente pela geração de receita e estiverem correlacionados com a operação dos negócios, serão despesas operacionais; porém, se não estiverem correlacionados com a operação dos negócios, serão despesas não-operacionais. Finalmente, se esses gastos não impactam o resultado nem o farão no futuro, representam perdas (figura 1).

Figura 1

GASTOS

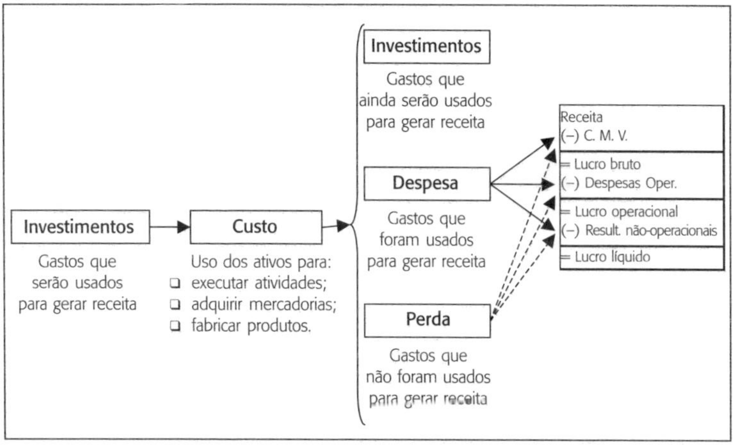

De forma a simplificar as terminologias usadas neste livro, serão considerados *custos* todos os gastos utilizados no processo produtivo, e *despesas* todos os gastos utilizados no processo de suporte operacional (figura 2).

Figura 2

CUSTOS E DESPESAS

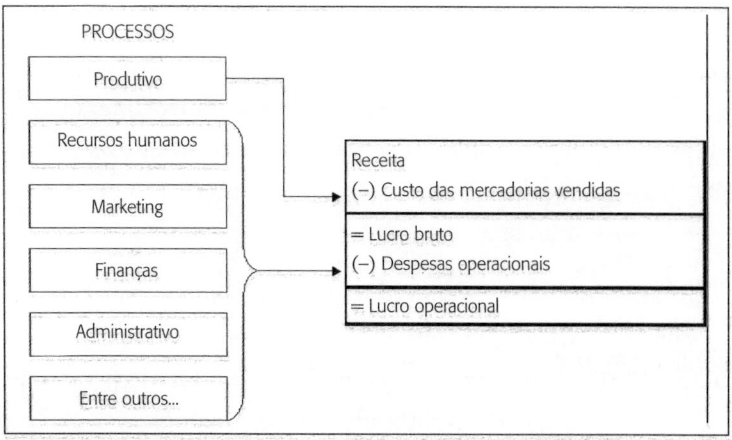

São exemplos:

- salários e encargos sociais do pessoal de vendas;
- salários e encargos sociais do pessoal administrativo;
- energia elétrica consumida na sede administrativa;
- gasto com combustíveis e refeições do pessoal de vendas;
- conta telefônica da administração e de vendas;
- aluguéis e seguros da sede administrativa.

Perda

Gasto não-intencional decorrente de fatores externos fortuitos ou da atividade produtiva normal da empresa.

No primeiro caso (fatores externos fortuitos), as perdas são consideradas da mesma natureza que as despesas e são apropriadas diretamente contra o resultado do período.

São exemplos:

- incêndio;
- obsoletismo de estoques;
- período de greve;
- enchente;
- furto/roubo.

No segundo caso (atividade produtiva normal), no qual se enquadram, por exemplo, as perdas normais de matérias-primas na produção industrial, elas integram o custo de produção.

São exemplos:

- uma indústria de estamparia que aproveita apenas 80% da chapa de aço e considera 20% como perda técnica;
- o camiseiro que considera como custo o preço do pano total comprado, não se importando com os retalhos.

Custo de oportunidade

Entende-se, objetivamente, que custo de oportunidade significa o desejo mínimo de remuneração do investidor para o capital investido. Podemos entender que esse valor seria a vantagem (lucro) que a empresa (investidor) pode obter abrindo mão de determinadas aplicações em prol de outras.

Na apresentação do ponto de equilíbrio econômico, contida neste livro no capítulo 3, o leitor fará uso desse conceito na busca pela identificação do valor/quantidade necessária para o alcance da remuneração desejada pelo investidor devido ao risco que envolve a decisão de participar em determinado projeto/empresa.

Efeitos econômicos

São valores registrados na demonstração do resultado do exercício que não representarão desembolso no fluxo de caixa. Esses valores, que normalmente são registrados/apurados para a identificação do resultado do exercício, não representarão saídas monetárias do caixa da empresa.

Como exemplos mais reconhecidos desses efeitos econômicos, podemos citar depreciação, amortização e exaustão.

Depreciação

Conceito que visa à preservação de receitas, no patrimônio da empresa, para a reposição dos bens consumidos pela operação. A depreciação envolve a perda do valor dos bens tangíveis, sujeitos a desgaste (terreno não se deprecia), pelo uso ou obsolescência.

Alguns itens do ativo permanente imobilizado, com as suas respectivas taxas anuais de depreciação e os correspondentes anos de vida útil, são exemplificados a seguir.

Tipo de bem	Taxa anual (%)	Vida útil (anos)
Terrenos	–	–
Edifício	4	25
Móveis e utensílios	10	10
Máquinas e equipamentos	10	10
Veículos	20	5
Equipamentos de informática	20	5

Amortização

A amortização envolve a perda de valor do capital aplicado na aquisição de intangíveis, como, por exemplo, marcas, patentes, direitos autorais.

Cabe ressaltar que, no uso dessa nomenclatura, é comum o leitor se confundir com o conceito de amortização referente à quitação de parcelas de dívidas existentes no passivo exigível (passivo circulante e não circulante) oriundo de empréstimos, financiamentos ou fornecedores; entretanto, a classificação dessa conta (amortização acumulada), bem como as contas de depreciação e exaustão, no balanço patrimonial, são apresentadas no ativo, como contas retificadoras, subtraindo valor dos ativos permanentes.

Exaustão

A exaustão corresponde à perda do valor que sofrem as imobilizações de recursos da natureza, que sofrem exploração e que se esgotam com o passar do tempo, tendo como exemplos as reservas minerais e vegetais (minério de ferro, petróleo, bauxita etc.).

Na apresentação do ponto de equilíbrio financeiro, contida neste livro no capítulo 3, o leitor fará uso desses conceitos na busca pela identificação do valor/quantidade necessária para o alcance desse ponto sem a inclusão dos efeitos econômicos contidos na apuração dos custos totais.

Classificação de custos

Os custos podem ter as seguintes classificações:

- custo direto;
- custo indireto;
- custo fixo;
- custo variável;
- custo semifixo;
- custo semivariável.

Custos diretos

São aqueles que podem ser apropriados diretamente aos produtos fabricados, porque existe uma medida objetiva de seu consumo nessa fabricação.

São exemplos:

- matéria-prima — normalmente, a empresa sabe qual a quantidade exata que está sendo utilizada para a produção de uma unidade do produto;
- mão-de-obra direta — trata-se dos custos com os trabalhadores utilizados diretamente na produção. Sabendo-se quanto tempo cada um trabalhou no produto e o valor da mão-de-obra, é possível apropriá-la diretamente ao produto;
- material de embalagem;
- depreciação de equipamento quando é utilizado para produzir apenas um tipo de produto;
- energia elétrica das máquinas, quando é possível saber quanto foi consumido na produção de cada produto.

Custos indiretos

São os custos que dependem de cálculos, rateios ou estimativas para serem apropriados em diferentes produtos; portanto, são os custos que só são apropriados indiretamente aos produtos. O parâmetro utilizado para as estimativas é chamado de base ou critério de rateio.

São exemplos:

- depreciação de equipamentos que são utilizados na fabricação de mais de um produto;
- salários dos chefes de supervisão de equipes de produção;
- aluguel da fábrica;
- gastos com limpeza da fábrica;
- energia elétrica que não pode ser associada a determinado produto.

Custos fixos

São aqueles cujos valores serão os mesmos independentemente do volume de produção e vendas da empresa. É o caso, por exemplo, do aluguel da fábrica. Este será cobrado pelo mesmo valor qualquer que seja o nível de produção, inclusive no caso de a fábrica nada produzir.

Observe que os custos fixos são fixos em relação ao volume de produção, mas podem variar de valor no decorrer do tempo ou até o limite da capacidade do ativo gerador do custo fixo. O aluguel da fábrica, mesmo quando sofre reajuste em determinado mês, não deixa de ser considerado um custo fixo, uma vez que terá o mesmo valor qualquer que seja a produção do mês. Da mesma forma, o aluguel da fábrica só será constante até o limite do espaço do parque fabril disponível. Caso aumente a demanda da empresa por espaço, haverá aumento no custo fixo pela necessidade de locação de nova área (figura 3).

São exemplos:

- imposto predial;
- depreciação dos equipamentos (pelo método linear);

- salários de vigias e porteiros da fábrica;
- prêmios de seguro.

Figura 3

CUSTOS FIXOS

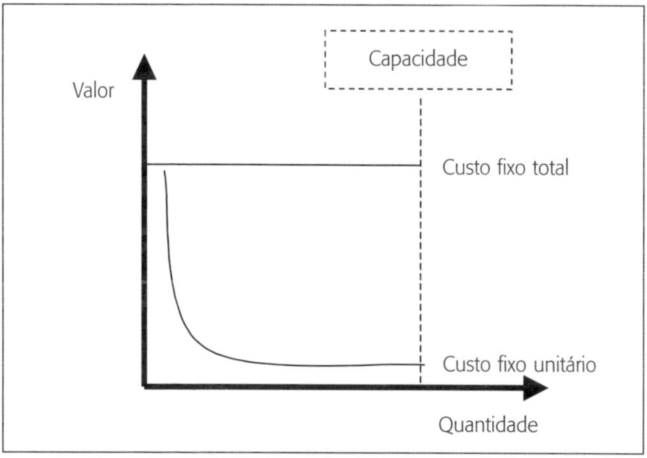

Custos variáveis

São aqueles cujos valores se alteram em função da quantidade produzida ou do volume de vendas da empresa (figura 4). No primeiro caso, os custos variáveis estão atrelados ao produto e aumentam na mesma medida do aumento da produção e, se não houver quantidade produzida, o custo variável será nulo. Exemplos:

- materiais diretos consumidos (matéria-prima);
- depreciação dos equipamentos (quando esta for feita em função das horas/máquina trabalhadas);
- gastos com horas extras na produção.

No segundo caso, os custos variáveis estão atrelados a um percentual do faturamento e aumentam na mesma medida do aumento das vendas, sendo que seu valor depende tanto da quantidade vendida, quanto do preço da venda. Exemplos:

- comissão de vendas;
- descontos concedidos.

Figura 4

CUSTOS VARIÁVEIS

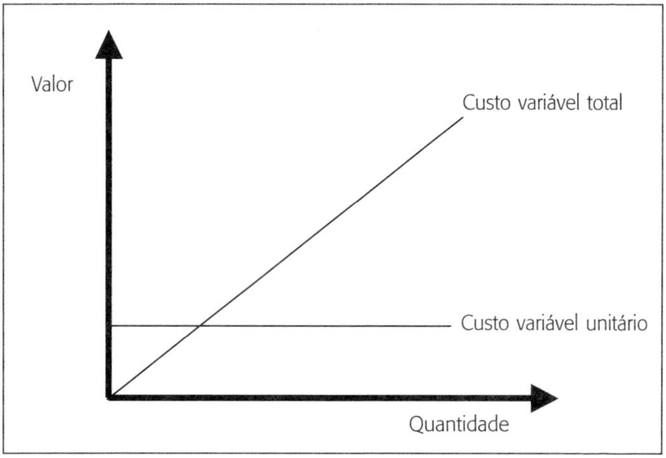

Custos semifixos

São custos que são fixos numa determinada faixa de produção, mas que variam se há uma mudança nessa faixa.

Considere, por exemplo, a necessidade de supervisores de produção de uma fábrica:

Volume de produção	Quantidade necessária de supervisores	Custo em $ (salários + encargos)
0 – 20.000	1	120.000
20.001 – 40.000	2	240.000
40.001 – 60.000	3	360.000
60.001 – 80.000	4	480.000

Custos semivariáveis

São custos que variam com o nível de produção, porém possuem uma parcela fixa que existe mesmo que não haja produção. É o caso, por exemplo, da conta de energia elétrica da fábrica, na qual a concessionária cobra uma taxa mínima mesmo que nada seja gasto no período, embora o valor da conta dependa do número de quilowatts consumidos e, portanto, do volume de produção da empresa. Outros exemplos: aluguel de uma copiadora no qual se cobra uma parcela fixa mesmo que nenhuma cópia seja tirada; gasto com combustível para aquecimento de uma caldeira, que varia de acordo com o nível de atividade, mas que existirá, mesmo que seja num valor mínimo, quando nada se produza, já que a caldeira não pode esfriar.

A partir do entendimento do comportamento dos custos, podemos traçar o gráfico dos custos totais (figura 5).

Figura 5

CUSTOS TOTAIS

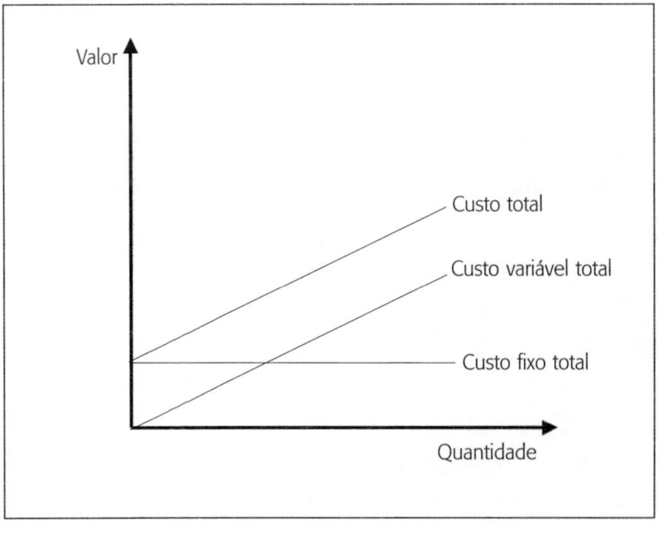

Todas essas classificações são necessárias para que a contabilidade de custos possa atingir três objetivos principais: a determinação do lucro, o controle das operações e a tomada de decisões de algum objeto de custo, ou seja, qualquer item para o qual se queira ter uma medida separada de custos, podendo ser um produto, uma atividade, um projeto, um departamento, uma unidade de negócio, entre outros.

Para isso, a empresa acumula os custos (sistema de acumulação) para, então, associá-los a algum objeto de custo (método de custo).

Sistemas de acumulação

Ao leitor, é importante ressaltar que o sistema de acumulação mais conveniente para a apropriação de custos deve ser baseado no tipo do processo de produção. Os sistemas de acumulação de custos mais comuns podem ser:

- por processo;
- por ordem de serviço.

Acumulação de custos por processo

Quando a produção de uma empresa industrial é realizada de forma contínua, repetitiva, seriada, adota-se o método de acumulação de custos por processo. Normalmente, os produtos são padronizados e produzidos em larga escala.

O custo por processo caracteriza-se pela própria natureza do fluxo de produção. Os materiais são submetidos a uma contínua transformação, por meio de várias etapas ou fases de fabricação, até atingir o produto final.

Algumas indústrias podem utilizar o método de acumulação de custos por processo — produção de pregos, parafusos, extração de sal, moagem de trigo —, assim como as que produzem em série — lâmpadas, livros, ventiladores do mesmo tipo, tamanho e qualidade etc.

Cada etapa ou fase de transformação há de corresponder a um centro de custos, mantendo-se controle individualizado dos fatores de produção (mão-de-obra, materiais diretos, gastos diretos e uma parcela de gastos indiretos distribuídos *pro rata*).

No método de acumulação de custos por processo, o custo total da fase anterior será o primeiro componente de custos da fase seguinte, tornando-se indispensável o controle distinto e acumulado de cada fase da produção (centro de custos).

A acumulação e o controle de cada fase de produção nesse método devem abranger:

a) mão-de-obra (horas e valor);
b) materiais diretos;
c) custo primário ($\sum$ a, b);
d) custo indireto;
e) custo total ($\sum$ c, d);
f) saldo anterior;
g) produção concluída no mês;
h) saldo atual ($\sum$ f, e – g);
i) quantidade produzida;
j) custo médio unitário (h ÷ i).

Por mês devem ser apuradas as taxas horárias:

a) da mão-de-obra direta;
b) do custo indireto.

O método de acumulação de custos por processo deve propiciar informações, de modo a permitir o controle permanente de:

- produção acumulada (volume de unidades físicas produzidas até o mês a que corresponde o relatório de custos);

- média mensal da produção (média mensal do volume de unidades físicas produzidas até o mês a que corresponde o relatório de custos);
- custo médio unitário (das unidades produzidas em cada mês do período).

Acumulação de custos por ordem de serviço

Esse método é bastante diferente da acumulação de custos por processo. A ordem de serviço, também denominada ordem de produção ou fabricação, compreende um formulário adequado (ou sistema de processamento eletrônico de dados), no qual se faz o controle do custo incorrido em cada mês do período e seu total acumulado de todos os fatores envolvidos na produção de um produto ou série de unidades do mesmo produto. Nesse sistema, os produtos ou lotes de produtos são específicos, de acordo com o pedido e produzidos em menor escala.

O controle da ordem de serviço deve prever informações, como as elencadas a seguir:

a) número da ordem de serviço;
b) descrição do produto fabricado;
c) quantidade de produtos fabricados (do mesmo tipo, marca, características e dimensões);
d) data da emissão da ordem de serviço;
e) data de início do serviço (prevista e efetiva);
f) data de término do serviço (prevista e efetiva);
g) indicação se é para estoque ou para atender a encomenda específica. Neste último caso, a ordem de serviço deve relatar o nome e o endereço do cliente, assim como o número do CNPJ/CPF e o da inscrição estadual/municipal;
h) descrição dos serviços a serem executados, mencionando-se as unidades organizacionais que serão envolvidas no processo;

i) horas de trabalho para execução de cada tarefa do serviço de fabricação de um produto ou de lote (prevista e efetiva);
j) vistos (ou assinatura eletrônica) dos funcionários incumbidos dos vários controles.

Evidentemente, além das informações mencionadas, o controle deve prever, por mês e acumulado:

a) mão-de-obra direta (horas consumidas e valor apropriado);
b) mão-de-obra empreitada (horas consumidas e valor apropriado);
c) total de mão-de-obra direta (horas consumidas e valor apropriado);
d) materiais diretos (valor apropriado);
e) custo primário (Σ c, d);
f) gastos indiretos;
g) custo de produção (Σ e, f).

Para efeito de distribuição do produto fabricado (expedição e vendas), o formulário da ordem de serviço deve ter campos adequados para as seguintes informações:

a) custo do produto fabricado;
b) despesas de acondicionamento;
c) despesas de frete e seguro;
d) despesas de expedição;
e) gasto total (Σ a, b, c, d);
f) margem de lucro (%)
g) preço final;
h) IPI;
i) ICMS;
j) faturamento (número da nota fiscal e da fatura e respectiva data de emissão).

Será relevante o controle de custos por unidade organizacional da produção, independentemente da sua apropriação por ordem de serviço.

Entendidas as diferenças entre os sistemas de acumulação de custos, apresentamos, em resumo, os tipos de empresas e o sistema de acumulação geralmente adotado:

- **acumulação por processo** — montadoras de automóveis; indústrias de cimento, químicas, petroquímicas e alcooleiras; empresas de telefonia.
- **acumulação por ordem de serviço** — indústrias de equipamentos pesados, construção civil, construção naval e farmacêutica; escritórios de auditoria; consultorias.

As diferenças conceituais básicas existentes entre os sistemas são:

- **acumulação por processo** — custos acumulados por fases de fabricação; utilização em produção contínua;
- **acumulação por ordem de serviço** — custos acumulados por produto; utilização em produção descontínua.

Custos fabris

Uma das funções da contabilidade de custos é fornecer elementos para a avaliação dos estoques e para a apuração do resultado, seguindo as determinações da legislação societária. Para melhor entendimento, destacamos as principais nomenclaturas que envolvem a apuração dos custos fabris e a apuração do resultado, quais sejam:

- custo primário;
- custo de transformação;
- custo de produção;
- custo dos produtos fabricados;
- custo dos produtos vendidos;
- subproduto;
- sucata.

Custo primário

É a soma dos materiais diretos mais a mão-de-obra direta.

Custo de transformação

Representa o esforço da empresa para transformar o material, adquirido do fornecedor, em produto acabado. É o somatório da mão-de-obra direta mais os gastos gerais de fabricação (GGF).

Custo de produção

É o custo do que foi produzido no período. É composto por:

- material direto: matéria-prima, componentes diretos e embalagens identificadas ao produto que está sendo elaborado;
- mão-de-obra direta: salário do operário que trabalha diretamente no produto;
- gastos gerais de fabricação: custos de produção que não podem ser identificados no produto.

Custo dos produtos fabricados

Representa a soma dos custos dos produtos fabricados até o momento do encerramento do exercício, ou seja, é o custo da produção do período mais o custo da produção dos períodos anteriores ainda em estoque.

Custo dos produtos vendidos

É o custo dos produtos entregues aos clientes no período, ou seja, o custo dos produtos acabados que saíram do depósito. Representa a parcela de custo confrontada com as receitas visando à apuração do resultado (figura 6).

Figura 6

ESTRUTURA REPRESENTATIVA DE APURAÇÃO DOS GASTOS FABRIS

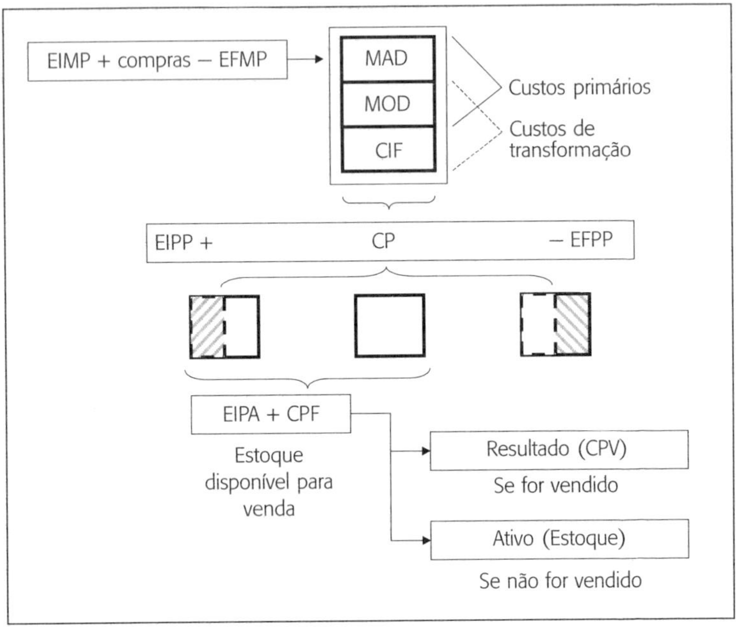

Subproduto

Subprodutos são os itens que são oriundos do processo normal de produção e que possuem mercado para vendas. Representam parcela do faturamento global da empresa, mas esta é, normalmente, irrelevante, comparando-se ao faturamento gerado pelo produto principal e, por isso, na maioria das vezes, não acumula custos no processo de produção. Ao invés disso, as receitas geradas pela venda devem reduzir o custo dos co-produtos.

Sucata

Representam sucata os itens que têm venda esporádica e que são vendidos sem previsão, após surgirem na fabricação.

Da mesma forma que os subprodutos, não acumulam custos no processo de produção; entretanto, as receitas geradas pela venda desses itens devem ser consideradas outras receitas operacionais.

Neste capítulo, acreditamos ter apresentado ao leitor os objetivos da contabilidade de custos, aprofundando a importância desta ferramenta gerencial para a melhoria da qualidade do processo decisório, bem como identificando os diversos conceitos que envolvem a gestão de custos, aí incluídas as principais terminologias, a classificação dos custos, os sistemas de acumulação e as nomenclaturas envolvidas na apuração dos custos fabris.

No capítulo a seguir, apresentaremos os três principais métodos de custeio, quais sejam: por absorção, variável ou direto, e por atividade (ABC).

2

Métodos de custeio

Ao alocar os custos aos produtos, as empresas seguem as regras de alguns métodos. Neste capítulo, apresentaremos os seguintes métodos:

- método de custeio por absorção;
- método de custeio variável ou direto;
- método de custeio por atividades (ABC).

Apresentação aos métodos

A partir do exposto no capítulo anterior, haverá melhor apuração dos custos totais de uma empresa. Esta melhor apuração, que é fundamental para o cálculo da sua lucratividade, apóia também o gestor na análise da viabilidade do negócio e sua atratividade.

Entretanto, há, ainda, necessidade de se identificar o custo unitário de um produto ou serviço por várias razões. Primeiro, o custo unitário é utilizado para valorar o estoque, um dos itens das demonstrações contábeis. Segundo, o custo de cada unidade vendida é transferido da conta estoque para a conta custo das mercadorias vendidas, e esta, por sua vez, tem seu valor deduzido da conta receita, determinando, então, o resultado. Finalmente, a gestão necessita do custo unitário de um produto para ajudá-la em várias decisões, como, por exemplo, calcular o preço de venda.

Nesse sentido, o sistema de contabilidade de custos geralmente acumula custos com alguma classificação "natural" (sistema de acumulação de custo, visto no capítulo anterior) e, depois, aloca (associa) esses custos a algum objetivo de custos (método de custo).

Portanto, identificados os custos e observadas as classificações citadas, as empresas procedem a sua alocação nos produtos respectivos. É justamente nessa hora que surgem as indagações quanto à confiabilidade das informações geradas, em função da sua necessidade para um processo decisório quanto à diversificação de linha, quanto à ampliação e ao lançamento de novos produtos, entre outros.

Método de custeio por absorção ou funcional

O método de custeio por absorção representa uma exigência da legislação societária e consiste em alocar aos produtos ou serviços todos os custos incorridos, sejam eles diretos ou indiretos. No método por absorção, os fluxos de produção seguem os parâmetros apresentados na figura 7.

Este método também é conhecido como modelo funcional, pois as despesas do período são classificadas pela sua função dentro do processo de geração de receita, ou seja, em produção, administrativas, vendas e financeiras.

Além disso, o método é denominado absorção porque, nas despesas relacionadas com a produção, são considerados os custos fabris diretos e indiretos, alocados aos produtos por algum critério de rateio, relacionados aos produtos que geraram as receitas do período. Ou seja, os produtos absorvem todos os gastos relacionados ao processo produtivo.

Figura 7

PARÂMETROS

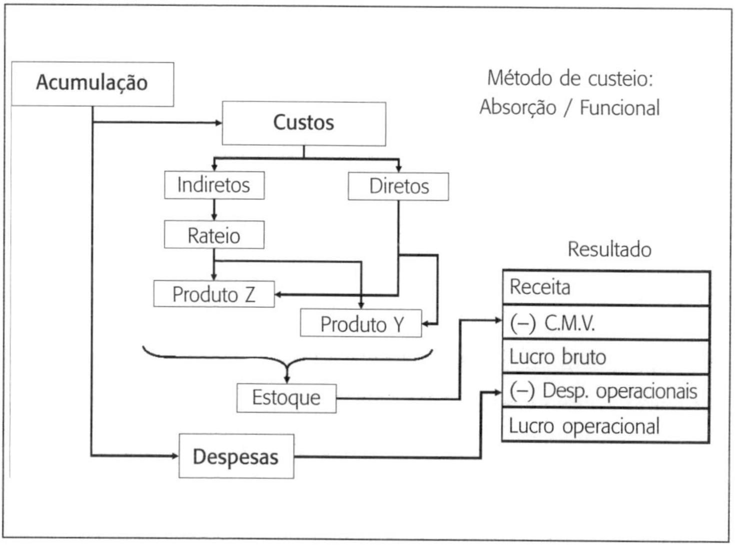

Neste método não há preocupação em classificar previamente os custos em fixos e variáveis, pois a ordem é a segregação das despesas do período por funções.

Os custos dos produtos em processo, ou acabados em estoque, permanecem ativados para serem confrontados com as receitas futuras por ocasião da geração das receitas de vendas. Nos valores de produtos em processo estão incorporados os custos fixos indiretos alocados anteriormente.

A demonstração de resultados do exercício (DRE), apresentada pelo método de custeio por absorção, é aquela exigida oficialmente pela lei das sociedades anônimas, conforme este modelo:

Vendas brutas

(–)	Impostos, devoluções, abatimentos
=	Vendas líquidas
(–)	Custos dos produtos vendidos – CPV
=	Margem bruta
(–)	Despesas operacionais
=	Resultado operacional antes de resultado financeiro
(+/–)	Resultado financeiro
=	Resultado operacional líquido
(+/–)	Perdas e ganhos não-operacionais
=	Lucro antes do imposto de renda
(–)	Imposto de renda e contribuição social
=	Lucro líquido

Suponhamos que uma empresa seja constituída de um único departamento (apenas para simplificação) e fabrique três produtos (Teka, Tika e Toka) que tenham as seguintes características:

Produto	Preço unitário	Quantidade	Custo direto unitário
Teka	$ 1.550	2.000	$ 700
Tika	$ 2.000	2.600	$ 1.000
Toka	$ 1.700	2.500	$ 750

Os custos indiretos de produção totalizam $ 1.465.000, compreendendo mão-de-obra indireta (maior parcela), depreciação etc.

A empresa precisa calcular qual o custo unitário de cada produto para saber a lucratividade de cada um. Para isso, deve ratear os custos indiretos para cada um dos produtos existentes. Já que a maior parte é constituída por mão-de-obra indireta, decidiu-se pela sua distribuição em função das horas de mão-de-obra direta (hMOD):

Produto	Horas de MOD p/ unidade	Quantidade produzida	Total de horas MOD
Teka	20	2.000	40.000
Tika	25	2.600	65.000
Toka	20	2.500	50.000
			155.000

$$\frac{\text{Custos indiretos totais}}{\text{Nº horas de MOD}} = \frac{1.465.000,00}{155.000} = \$\,9,45/\text{hora}$$

Produto	Horas de MOD p/ unidade	Custo p/ hora	Custo direto p/ unidade
Teka	20	$ 9,45	$ 189,00
Tika	25	$ 9,45	$ 236,25
Toka	20	$ 9,45	$ 189,00

Produto	Custo direto p/ unidade	Custo indireto p/ unidade	Custo total p/ unidade
Teka	$ 700,00	$ 189,00	$ 889,00
Tika	$ 1.000,00	$ 236,25	$ 1.236,25
Toka	$ 750,00	$ 189,00	$ 939,00

Observando-se o fluxo acima, conclui-se que o método de custeio por absorção traz as seguintes informações adicionais:

- melhor valoração dos estoques, que absorvem custos fixos e variáveis;
- apuração do custo de produção somente após o rateio dos custos indiretos;
- os custos fixos totais independem de oscilações do volume fabricado;
- todos os custos são aplicados a todos os produtos, sendo apropriados ao resultado quando da venda dos respectivos produtos;
- para o usuário externo, que observa a demonstração de resultados, sugere a divisão da empresa em duas partes: a fábrica e a atividade comercial;

- atende a legislação fiscal e deve ser usado quando a empresa busca o uso do sistema de custos integrado à contabilidade;
- permite a apuração do custo por centros de custos, visto que sua aplicação exige a organização contábil direcionada a este sentido.

Entretanto, uma série de problemas pode ser encontrada a partir desse método. O exemplo a seguir explora isso.

Uma empresa fabrica dois produtos, Alfa e Beta, com as seguintes características:

	Alfa	Beta	Total
Quantidade (unidades)	15	20	
MAT (kg/unidade)	4,00	2,00	
MOD (horas-MOD/unidade)	1,50	1,00	
CIF ($)			2.500,00

Outros dados relevantes:

$ do quilo	15,00
$ hora MOD	12,00
Rateio a ser utilizado	Total kg

A partir daí, a empresa pode calcular o custo unitário de cada produto, como mostrado a seguir.

	MAT			MOD			
Produto	kg p/ unidade	$ p/ kg	$ p/ unidade	Horas p/ unidade	$ p/ hora	$ p/ unidade	Custo direto unitário
Alfa	4,00	15,00	**60,00**	1,5	12,00	**18,00**	**78,00**
Beta	2,00	15,00	**30,00**	1,0	12,00	**12,00**	**42,00**

Produto	Total de quilos	Custo indireto	Quantidade produzida	Custo indireto p/ unidade
Alfa	60	$ 1.500,00	15 unidades	**$ 100,00**
Beta	40	$ 1.000,00	20 unidades	**$ 50,00**
Total	**100**	**$ 2.500,00**		

Produto	Custo direto unitário	Custo indireto unitário	Custo unitário total
Alfa	$ 78,00	$ 100,00	**$ 178,00**
Beta	$ 42,00	$ 50,00	**$ 92,00**

Vamos supor que o produto Alfa, que custa $ 178,00 por unidade, seja vendido pelo preço de $ 175,00, e o produto Beta, que custa $ 92,00 por unidade, seja vendido por $ 90,00. Portanto, como pode ser percebido, ambos os produtos geram prejuízo:

Discriminação	Alfa		Beta		Total
	15 unidades	Unitário	20 unidades	Unitário	
Receita	2.625,00	175,00	1.800,00	90,00	4.425,00
(–) Custos	2.670,00	178,00	1.840,00	92,00	4.510,00
Lucro	(45,00)	(3,00)	(40,00)	(2,00)	(85,00)

Normalmente, as pessoas tomam uma das três decisões possíveis quanto a essa empresa:

- fechar — já que os dois únicos produtos da empresa geram prejuízo, então a empresa nunca terá lucro;
- aumentar preço — como os dois produtos geram prejuízo, uma das formas de torná-los lucrativos é aumentar seu preço de venda;
- reduzir custos — a alternativa seria reduzir os custos a um patamar inferior ao atual preço praticado.

Existem, portanto, quatro erros básicos do método de custeio por absorção:

- não há identificação se os produtos realmente agregam valor para a empresa;
- não considera o comportamento dos custos, caso, por exemplo, se aumente a quantidade produzida;
- os critérios de rateio são arbitrários e, por isso, prejudicam a gestão da empresa;

- os produtos absorvem todos os custos. Isso faz com que o gestor não tenha noção da ociosidade da empresa. Se a empresa, por exemplo, deixar de fabricar um produto, todos os custos rateados a ele serão realocados para outros produtos. Só que a ociosidade gerada não será imediatamente localizada.

Surge, assim, no âmbito gerencial, o uso do custeio variável ou direto, que será descrito a seguir.

Método de custeio variável ou direto

Em virtude de o gestor demandar informações mais úteis ao processo gerencial, desenvolveu-se o custeio variável ou direto. Em sua visão, os custos fabris são previamente classificados em variáveis e fixos, e apenas os custos variáveis são alocados aos produtos. Como conseqüência, apenas os custos variáveis serão ativados em produtos em processo.

Nesse método, o princípio da competência não é observado, pois a parcela dos custos fixos que contribuiu com os produtos em processo ou acabados ainda não vendidos não permanecerá ativada, mas serão confrontadas como despesa do período as receitas geradas pelos produtos vendidos.

De forma resumida, nesse método, os fluxos de produção seguem os parâmetros seguintes, conforme a figura 8.

A principal idéia do método variável ou direto é separar os custos variáveis, juntando a eles as despesas variáveis, indicando com clareza quais os gastos próprios de cada produto ou serviço, antes da incidência dos custos e das despesas fixas, requisitadas pela organização. Separa-se, portanto, o que realmente pertence a cada produto e varia conforme a sua quantidade (custos variáveis), e o que pertence à capacidade estrutural da organização e que, portanto, independe da quantidade produzida (custos fixos). Assim, o gestor consegue calcular quanto os produtos e serviços contribuíram para que a empresa possa cobrir seus gastos fixos e, ainda, remunerar os investidores.

Figura 8

PARÂMETROS DOS FLUXOS DE PRODUÇÃO

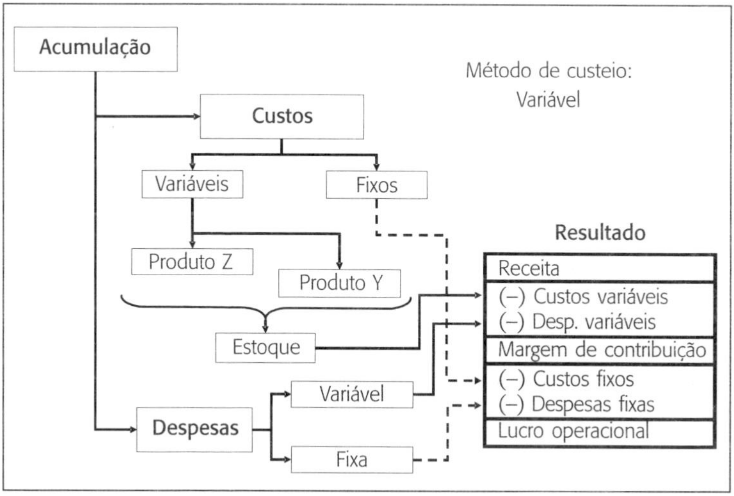

Imaginando uma empresa com amplo portfólio de produtos, a informação fornecida por meio da demonstração de resultados aqui apresentada dá condições ao gestor de tomar conhecimento da contribuição marginal apresentada por cada um, antes da incidência e ou alocação dos gastos fixos, considerados como custos não alocados diretamente ao produto, porém necessários à empresa como um todo. A *margem de contribuição,* informação obtida por meio do método variável, tornou-se, portanto, de grande utilidade em processos de lançamento de produtos, bem como de ampliação ou manutenção de produtos no portfólio. É, efetivamente, uma informação que orienta a área comercial a definir seus rumos, por meio da composição de *mix* de vendas ideal, para atingir a rentabilidade global sugerida pelo plano estratégico.

Utilizando o método variável ou direto, as empresas trabalham com a demonstração de resultados que é assim apresentada:

Vendas brutas

(–)	Impostos, devoluções, abatimentos
=	Vendas líquidas
(–)	Custos variáveis
(–)	Despesas variáveis
=	Margem de contribuição
(–)	Custos fixos
(–)	Despesas fixas
=	Resultado operacional
(+/–)	Resultado financeiro
=	Resultado operacional líquido
(+/–)	Perdas e ganhos não-operacionais
=	Lucro antes do imposto de renda
(–)	Imposto de renda e contribuição social
=	Lucro líquido

Usaremos o mesmo exemplo anterior para discutir as diferenças informacionais:

	Alfa	Beta	Total
Quantidade (unidades)	15	20	
MAT (kg/unidade)	4,00	2,00	
MOD (horas-MOD/unidade)	1,50	1,00	
CIF ($)			2.500,00

Outros dados relevantes:

$ do quilo	15,00
$ hora MOD	12,00
Rateio a ser utilizado	Total kg

A partir daí, a empresa pode calcular o custo unitário de cada produto:

Produto	MAT kg p/ unidade	MAT $ p/ kg	MAT $ p/ unidade	MOD Horas p/ unidade	MOD $ p/ hora	MOD $ p/ unidade	Custo direto unitário
Alfa	4,00	15,00	**60,00**	1,5	12,00	**18,00**	**78,00**
Beta	2,00	15,00	**30,00**	1,0	12,00	**12,00**	**42,00**

Entretanto, como a empresa agora usa o método de custeio variável, ela tentará localizar, dos custos indiretos, a parcela variável e a parcela fixa:

Produtos	Custo indireto variável p/ unidade	Quantidade produzida	Custo indireto variável total	Custo indireto total
Alfa	$ 40,00	15	$ 600,00	**$ 1.100,00**
Beta	$ 25,00	20	$ 500,00	
Custo indireto fixo				**$ 1.400,00**
Custo indireto total				**$ 2.500,00**

Produto	Custo direto variável p/ unidade	Custo indireto variável p/ unidade	Custo variável unitário total
Alfa	$ 78,00	$ 40,00	**$ 118,00**
Beta	$ 42,00	$ 25,00	**$ 67,00**

Continuando a suposição de que o produto Alfa será vendido pelo preço de $ 175,00 e o produto Beta será vendido por $ 90,00, poderá ser criado o seguinte relatório:

Discriminação	Alfa 15 unidades	Alfa Unitário	Beta 20 unidades	Beta Unitário	Total
Receita	2.625,00	175,00	1.800,00	90,00	4.425,00
(–) Custos variáveis	1.770,00	118,00	1.340,00	67,00	3.110,00
Margem de contribuição	855,00	57,00	460,00	23,00	1.315,00
(–) Custos fixos					1.400,00
Lucro					(85,00)

Percebe-se que o lucro, tanto no exercício pelo método por absorção quanto no método variável, é idêntico — afinal, toda a produção foi vendida (estoques iniciais e finais nulos). O que muda é que, por este último, os custos variáveis pertencem ao produto e os custos fixos pertencem à estrutura da empresa.

Entretanto, enquanto no método por absorção a percepção é que os produtos são deficitários, aqui se percebe que os produtos geram margem de contribuição positiva, mas esta não é suficiente para cobrir os custos fixos da empresa.

Portanto, aumenta-se a sensibilidade decisória para outras decisões não percebidas anteriormente, como:

- aumentar a quantidade produzida e vendida — no método por absorção, a percepção é de quanto maior a quantidade vendida, maior será o prejuízo da empresa. Por este método, nota-se que, aumentando a quantidade produzida e vendida, maior será a receita, maiores serão os custos variáveis, mas os custos fixos, caso haja ociosidade, se manterão constantes;
- trabalhar portfólio de produtos — por este método, não há preocupação em que o produto seja lucrativo. Quem tem de ser lucrativo é a empresa e não os produtos, individualmente falando. Na verdade, é o conjunto de produtos que tem de gerar contribuição suficiente para que a empresa cubra seus gastos fixos e ainda gere lucro;
- o custo dos produtos é mensurável objetivamente, pois não sofrerá processos arbitrários ou subjetivos de distribuição dos custos comuns;
- maior percepção de controle, pois o gestor passa a ter noção de como os custos devem se comportar;
- maior facilidade para os gerentes industriais entenderem o custeamento dos produtos sob o custeio direto, pois os dados são próximos da fábrica e de sua responsabilidade, possibilitando a correta avaliação de desempenho setorial;

- maior capacidade de planejamento, pois, com as variáveis identificadas, o gestor consegue estabelecer o resultado de qualquer cenário econômico previsto, antecipando os problemas, mensurando de forma precisa a lucratividade e facilitando a tomada de decisões.

Como desvantagens do custeamento variável ou direto, temos:

- a exclusão dos custos fixos indiretos para a valoração dos estoques causa sua subavaliação, fere os princípios contábeis e altera os resultados do período;
- na prática, a separação de custos fixos e variáveis não é tão clara como parece, pois existem custos semivariáveis e semifixos, podendo o custeamento direto incorrer em problemas semelhantes de identificação dos elementos de custeio;
- de certa forma, os custos só permanecerão fixos a curto prazo. Este tipo de custeamento está mais focado nas decisões de curto prazo. Com a elevação do valor dos custos fixos, não considerados neste método, a análise de desempenho pode ser prejudicada e deve merecer considerações precisas;
- dificuldades quanto à análise de confrontação e competência;
- problemas com a legislação fiscal, quanto à apuração do lucro do exercício, caso a empresa trabalhe com unidades em estoques, em quantidades cada vez mais crescentes.

Percebe-se que a desigualdade de apuração de estoques é o grande diferencial entre os métodos. Ao se analisarem os efeitos dos dois métodos citados, método de custeio por absorção e método de custeio variável ou direto, podem ser observados os seguintes impactos no resultado de uma organização, por meio das informações a seguir, colhidas na Companhia AGP.

- Preço de venda por unidade = $ 1,50
- Custos variáveis por unidade:
  - Matéria-prima = $ 0,40
  - Mão-de-obra direta = $ 0,35
- Custos fixos totais = $ 31.500
- Despesas variáveis por unidade:
  - Despesas com vendas = $ 0,30
- Despesas administrativas (fixas) = $ 15.000

Considera-se que a empresa apresenta o seguinte quadro demonstrativo do fluxo dos estoques em unidades:

Estoque inicial	=	0
Quantidade produzida	=	180.000 unidades
Quantidade vendida	=	120.000 unidades
Estoque final	=	60.000 unidades

Ao se elaborar a demonstração de resultados pelos dois métodos, a saber, o método de custeio por absorção e o método de custeio variável ou direto, observa-se com clareza que o impacto no resultado reflete a apropriação ou não dos custos indiretos de fabricação.

No método por absorção, todos os custos, diretos ou indiretos, transitam pelos estoques, sendo que as unidades que aí permanecem, a saber, 60.000, permanecem valoradas por materiais, mão-de-obra direta e custos indiretos.

No método variável ou direto, todo o custo fixo é oferecido ao resultado do exercício, não transitando pelos estoques, independentemente do fato de ter ou não sido apropriado a unidades produzidas e/ou vendidas. Senão vejamos:

DEMONSTRAÇÃO DE RESULTADO DE EXERCÍCIO
MÉTODO POR ABSORÇÃO

Vendas líquidas	180.000
(–) Custo dos produtos vendidos	111.000
Margem bruta	69.000

continua

(–) Despesas administrativas	15.000
(–) Despesas com vendas	36.000
Resultado operacional	18.000
Valor dos estoques	55.500

DEMONSTRAÇÃO DE RESULTADO DE EXERCÍCIO
MÉTODO VARIÁVEL OU DIRETO

Vendas líquidas	180.000
(–) Custos variáveis	90.000
(–) Despesas variáveis	36.000
Margem de contribuição	54.000
(–) Custo fixo	31.500
(–) Despesas administrativas (fixas)	15.000
Resultado operacional	7.500
Valor dos estoques	45.000

Observe-se que, neste caso, a diferença de valores de resultado operacional é a mesma da diferença da conta de estoques, $ 10.500.

Esse valor é obtido ao se apurar o custo fixo por unidade ($ 31.500 divididos por 180.000 unidades produzidas, o que resulta em $ 0,175), valor este que deve ser multiplicado pelas unidades que permaneceram nos estoques, no montante de 60.000.

Por outro lado, comparando-se os dois métodos, percebe-se uma diferença menor no resultado pelo método de custeio variável ou direto, o que resulta num imposto de renda a pagar menor, motivo do veto da legislação fiscal.

Conclui-se, daí, que o método de custeio variável ou direto poderá ser usado contabilmente se sofrer os ajustes necessários para exibir os valores do custeio por absorção.

Método de custeio por atividades (ABC)

O método por absorção funcionava de maneira assertiva quando os custos indiretos não eram significativos. Com isso, a arbitrariedade do rateio, por exemplo, incidia sobre uma parcela ínfima dos custos, não distorcendo significativamente o resultado.

Com o passar do tempo e uso da tecnologia, os custos indiretos das empresas tornaram-se mais relevantes, fazendo com que a empresa necessitasse de mecanismos mais precisos para apurar o custo dos produtos.

Já o método variável ou direto agrega informações, principalmente de curto prazo, visto que os custos fixos só serão constantes em certo período. Além disso, como os produtos não absorvem os custos fixos, porque estes pertencem à empresa, essa metodologia não apura os custos unitários, podendo prejudicar a formação de preços, mensuração de lucratividade e valorização dos estoques.

Surge então uma metodologia batizada como *Activity Based Costing* (ABC). Este é um método de custeio baseado na análise das atividades significativas desenvolvidas na empresa. Visa eliminar as limitações impostas pelos sistemas tradicionais de custeio.

Cooper e Kaplan consideram que o ABC

> É uma abordagem que analisa o comportamento dos custos por atividade, estabelecendo relações entre as atividades e o consumo de recursos, independente de fronteiras departamentais, permitindo a identificação dos fatores que levam a instituição ou empresa a incorrer em custos em seus processos de oferta de produtos e serviços e de atendimento a mercados e clientes. [1]

Com base na definição mais difundida entre autores norte-americanos (*The Cam-I Glossary of Activity Based Management*), o ABC pode ser conceituado como um procedimento:

---

[1] Conselho Regional de Contabilidade (SP), 1995:16.

- para determinar o custo e desempenho de atividades e de todo bem, processo ou fator cujo custo se busca determinar (produto, serviço, cliente etc.);
- que atribui custos às atividades em função da utilização dos recursos pelas atividades e atribui custo ao produto, serviço ou cliente na proporção da utilização dessas atividades;
- que estabelece relações bem definidas entre atividades e o evento mensurável que origina cada atividade.

O objetivo principal do sistema ABC é a alocação racional dos gastos indiretos aos bens e serviços produzidos, proporcionando um controle mais apurado dos gastos da empresa e melhor suporte nas decisões gerenciais.

Em princípio, o sistema baseado em atividades pode ser aplicado em qualquer empresa, de qualquer porte ou natureza.

De forma comparativa, da mesma forma que o método por absorção diz que os produtos absorvem todos os custos, nós, humanos, consumimos energia elétrica. Pela visão do custeio ABC, no entanto, nós não consumimos energia elétrica. Quem consome são os eletrodomésticos. Nós *usamos* os eletrodomésticos. Ou seja, os produtos não consomem recursos. Na verdade, quem consome os recursos são as diversas atividades executadas pela empresa. Os produtos consomem tais atividades, como pode ser demonstrado na figura 9.

Considerando a maior complexidade do sistema ABC comparado com o sistema de custeio tradicional, por ocasião da avaliação quanto à conveniência da mudança na sistemática, é recomendável a aplicação somente nos seguintes casos:

- o custo indireto ser a parcela significativa na composição do custo total;
- diversidade de produtos e/ou serviços com variação relevante nos volumes de produção ou processo produtivo;

- encomendas especiais onde volume e/ou especificações do produto variam de acordo com determinações impostas pelo cliente.

Figura 9

CONSUMO DE RECURSOS

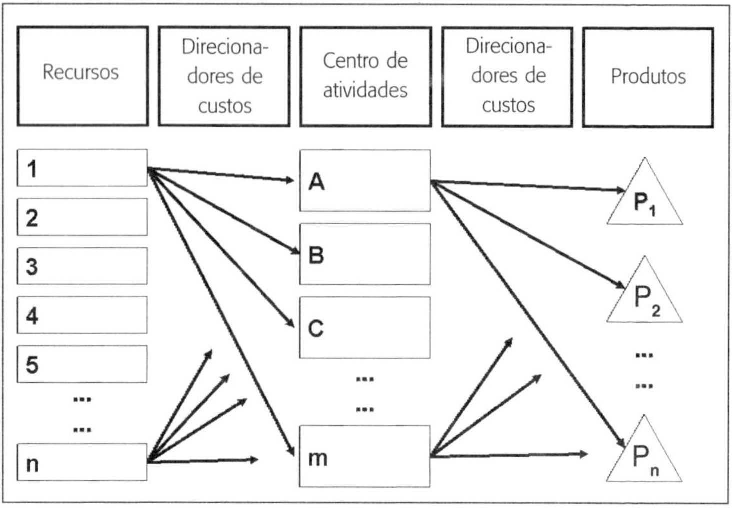

Portanto, antes de qualquer reestruturação no sistema de custeio, faz-se necessário uma análise minuciosa das operações da empresa no sentido de se conhecer as atividades significativas, concluindo sobre a adequação, ou não, da implantação e operacionalização do sistema de custeio ABC.

Esse método analisa o comportamento dos custos por atividade e estabelece relações entre as atividades e o consumo de recursos, independentemente de fronteiras departamentais, permitindo a identificação dos fatores que levam a instituição ou empresa a incorrer em custos em seus processos de oferta de produtos e serviços e de atendimento a mercados e clientes.

Para isso, o ABC utiliza direcionadores de custos (*cost drivers)* para definição do custo unitário de uma atividade. Gerador de custo é o evento relacionado a uma ou mais atividades, que provoca sua ocorrência, como, por exemplo:

- número de *setups;*
- número de clientes;
- quantidade de ordens de compra;
- distância percorrida entre localidades.

Estes direcionadores dificilmente são considerados em outros métodos e são obtidos por meio de uma análise de processos das atividades indiretas, que indica a medição ideal. São também chamados de rastreadores, considerada a sua característica de medição. A quantidade de direcionadores a ser utilizada pelas empresas estará associada a fatores diversos como:

- diversificação dos produtos e do volume de produção;
- número de atividades relevantes relacionadas a cada produto;
- o nível de exatidão objetivado no custeio dos produtos.

Na verdade, os direcionadores de custos somente deverão ser eleitos após um estudo completo de processos na organização, que definirão com clareza qual a melhor medição para uma ou outra atividade. A função do direcionador é melhor refletir e medir a atividade executada por um departamento.

Nesse momento, as atividades já foram igualmente identificadas e reconhecidas como agregadoras de valor ao produto, à empresa e, principalmente, ao cliente.

É muito comum observar-se que, em processos de implementação do método de custeio por atividades, várias são aquelas que podem ser eliminadas e/ou inseridas, em função da agregação de valor, conforme citado. O que define a eliminação ou não de uma atividade é a verificação de sua utilidade no processo de produção e comercialização, sendo que alguns parâmetros podem ser observados. Em princípio, as atividades são analisadas e classificadas como adicionadoras e não adicionadoras de valor, devendo ser reavaliadas. Assim, a análise de atividades compõe-se de quatro passos:

- passo 1 — identificação dos objetivos do processo, definidos com base no que o cliente deseja ou espera do processo;
- passo 2 — registro das atividades utilizadas para completar o produto ou serviço, do começo ao fim;
- passo 3 — classificação de todas as atividades em adicionadoras e não adicionadoras de valor;
- passo 4 — aperfeiçoamento contínuo da eficiência de todas as atividades que adicionam valor, e desenvolvimento de planos para eliminar ou reduzir as atividades que não adicionam valor.

As atividades que adicionam valor compõem a cadeia de valor, conforme a figura 10, com um conjunto de atividades interligadas, desde pesquisa e desenvolvimento até a utilização final dos produtos e serviços fabricados.

Figura 10

A CADEIA DE VALOR

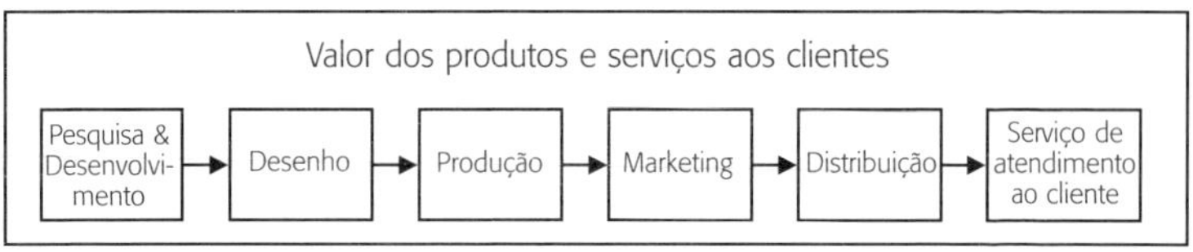

Em seguida, deve ser observada a hierarquia dos custos dos produtos, que afetam a administração das atividades. Podem ser citados os seguinte exemplos:

Categoria de custos	Atividades que geram o custo
Custos relacionados com capacidade	Administração da fábrica Depreciação e aluguel de edifícios Aquecimento e iluminação
Custos relacionados com o produto ou cliente	Registro de dados sobre os clientes Especificações dos produtos Serviço ao cliente
Custos relacionados com lotes de produção	Preparação de máquinas Inspeção de qualidade
Custos relacionados com unidades	Energia para movimentar máquinas Materiais diretos

A eficaz definição de uma atividade e seus direcionadores ideais é fator de grande importância para as empresas. Geralmente, planos de redução de custos exigem alterações em atividades, daí a necessidade de conhecê-las e mensurá-las.

A utilização do método de custeio por atividades pode proporcionar benefícios interessantes para o correto rateio de custos indiretos aos produtos, tais como:

- inclusão da totalidade dos custos nos produtos, por meio das atividades. Considerando que todas as atividades que geram valor existem em função dos produtos, seus custos devem ser atribuídos;
- estimativa de cada atividade em termos de objetivos da organização;
- por se tratar de um método baseado em atividades, tende a exibir o vínculo destas com seus resultados (produtos, serviços, clientes, projetos);
- o sistema ABC se diferencia pelo momento em que os custos começam a ser computados — por exemplo, em um processo industrial, os custos gerados pelo recebimento da matéria-prima são considerados na formação do custo do produto. Nos sistemas tradicionais, a acumulação dos custos do produto inicia-se somente com o processamento da matéria-prima, tornando todo o processo de custeamento mais preciso;

- no ABC são computadas, também, as despesas que irão decorrer da garantia e do atendimento ao consumidor após o momento da entrega do produto. Nos sistemas tradicionais, não existe esse tipo de preocupação, sendo o custo do produto encerrado no momento da sua passagem ao estoque de produtos acabados;
- o questionamento constante do sistema de produção é próprio do sistema ABC que, ao contrário dos sistemas tradicionais, está sempre buscando formas alternativas de produção visando à redução dos custos, verificando as atividades que agregam valor e aquelas que o cliente não estaria disposto a custear. Com isso, esse sistema se torna ideal para as empresas preocupadas com a satisfação do cliente e a manutenção da qualidade dos produtos e serviços prestados.

Ao observarmos a situação da Empresa FC Ltda., que comercializa dois produtos, podemos analisar os fatores a seguir, para termos de comparabilidade entre os resultados obtidos por produto no método de custeio por absorção e no método de custeio por atividades.

Produtos	A	B
Preço de venda unitário	$ 2,20	$ 1,40
Custos variáveis unitários	$ 1,20	$ 0,80
Quantidade (produzida e vendida)	10.000	6.000

Os custos indiretos somam $ 5.000,00 e a empresa atua com três atividades que consomem os seguintes recursos: Compras, $ 1.000,00; Qualidade, $ 2.250,00; Engenharia, $ 1.750,00.

Os direcionadores apurados para cada atividade são os seguintes, já quantificados:

Atividades e direcionadores	Direcionadores – unidades	
	Produto A	Produto B
Compras – emissão de pedidos	200	150
Qualidade – testes efetuados	80	80
Engenharia – preparação de máquinas	100	150

Comparando as demonstrações de resultados de exercício, também em termos percentuais de lucratividade comparada com vendas líquidas, observamos:

MÉTODO DE CUSTEIO POR ABSORÇÃO

	A	B	Total
Vendas líquidas	22.000	8.400	30.400
(–) CPV	15.125	6.675	21.800
Margem bruta	6.875	1.725	8.600
% sobre vendas	31,25	20,54	

Obs.: Custos fixos rateados pelo volume.

MÉTODO DE CUSTEIO POR ATIVIDADES

	A	B	Total
Vendas líquidas	22.000	8.400	30.400
(–) Custos variáveis	12.000	4.800	16.800
(–) Custos fixos	2.396	2.604	5.000
Margem bruta	7.604	996	8.600
% sobre vendas	34,56	11,86	

Obs.: Custos fixos rateados pelos direcionadores.

Conforme se observa, a rentabilidade individual dos produtos inverteu, sendo que o produto B apresentou um pouco mais que a metade daquela que apresentava pelo método anterior.

A composição do custo fixo se apresenta assim:

Atividade	Produto A	Produto B	Totais
Compras	571	429	1.000
Qualidade	1.125	1.125	2.250
Engenharia	700	1.050	1.750
Totais	2.396	2.604	5.000

Por outro lado, o método de custeio por atividades pode apresentar as seguintes distorções:

- necessidade de apuração de custos fixos unitários, o que pode criar alguma dúvida com o conceito de custos variáveis;
- alto custo de implementação pela ampla complexidade de localização e mensuração das diversas atividades existentes;
- incomparabilidade entre os custos de concorrentes, em decorrência do processo antes citado.

Dessa forma, pode-se afirmar que os métodos aqui expostos refletem as visões financeira, operacional e estratégica de uma organização.

Ao se falar do método de custeio por absorção, observamos que os usuários das informações são os acionistas externos, financiadores e autoridades fiscais, com objetivos específicos da contabilidade financeira.

Ao se falar do método de custeio variável, observamos que os usuários são os gerentes de linha e as equipes de melhoria de processos, que necessitam trabalhar com a margem de contribuição individual de seus produtos, em casos de tomada de decisão para exclusão e/ou de ampliação de portfólio.

Quando falamos do método de custeio por atividades, observamos que os usuários são os planejadores estratégicos e gestores de custos, que defenderão as justificativas de investimentos, baseados no custeio de ciclo de vida dos produtos.

Abordamos neste capítulo uma análise dos modelos dos métodos de custeio, ressaltando que os métodos por absorção e ABC adotam critérios de controle iguais, modificando a forma de tratamento dos gastos indiretos (rateio/alocação), cabendo à empresa escolher qual dos dois modelos será utilizado, tendo em vista seus objetivos de controle, já que tais métodos estão mais focados em questões administrativas, fiscais, contábeis e de controle dos estoques.

O método variável torna-se complementar às sistemáticas anteriores, pois assume maior relevância nas decisões gerenciais/comerciais e, por essa razão, será fruto de uma abordagem exclusiva no próximo capítulo.

3

Tomada de decisão baseada em custeio variável

Neste capítulo, destacaremos as informações gerenciais que o método de custeio direto (variável) possibilita ao gestor identificar. As principais informações são: a análise da relação custo-volume-lucro, os cálculos de margem de contribuição, ponto de equilíbrio, margem de segurança e grau de alavancagem operacional (GAO).

Premissas

Em um mercado altamente competitivo, onde a guerra por *market share* torna-se cada dia mais acirrada, com clientes querendo negociar preços especiais e empresários buscando a maximização de resultados, a gestão dos custos exerce importante papel no processo decisório.

Todo gestor está sempre compelido a trabalhar por resultado e é cobrado por isso. Porém, antes de pensar em lucro, a primeira preocupação deve estar em não incorrer em prejuízo, ou seja, fugir da "faixa vermelha". Dessa forma, podemos segmentar o processo de gestão em três premissas fundamentais.

Em um primeiro momento, é primordial determinar o faturamento mínimo necessário para se conseguir ao menos pagar todos os custos operacionais. Nessa situação, espera-se que a receita gerada seja equivalente aos custos incorridos, nascendo daí a análise de ponto de equilíbrio. Em um segundo instante, o gestor começa a pensar em auferir resultado. Nesse contexto, deve-se avaliar o faturamento necessário para se atingir o lucro estimado, baseado em projeções orçamentárias, constituindo, assim, a análise de margem de segurança. Num terceiro momento, o gestor passa a avaliar a possibilidade de maximizar o resultado, superando, assim, as metas operacionais, apurando-se o grau de alavancagem operacional (GAO). Detalharemos adiante essas três premissas por meio da análise da relação custo-volume-lucro.

A relação custo-volume-lucro

O estudo das relações entre receita, custos fixos e variáveis, despesas fixas e variáveis e resultado é denominado análise de custo-volume-lucro. Essa análise propicia uma ampla visão econômica do processo de planejamento, examinando o comportamento das receitas totais, dos custos totais e do lucro à medida que ocorre uma mudança no nível de atividade, no preço de venda ou nos custos fixos.

Normalmente, utilizamos a análise da relação custo-volume-lucro como ferramenta que nos auxilia em questões do tipo: em quanto seriam afetados os custos e as receitas se vendêssemos 1.000 unidades a mais ou se aumentássemos ou diminuíssemos o preço de venda, entre outras possibilidades. O custo-volume-lucro foi desenvolvido com o intuito de simplificar as hipóteses sobre os padrões de comportamento do custo e da receita.

A análise da relação custo-volume-lucro está baseada nas suposições que se seguem.

- Os custos totais podem ser divididos em uma parte fixa e em outra parte que é variável com relação ao nível de atividade.
- O comportamento das receitas e dos custos totais é linear dentro de uma determinada faixa de atividade. O que significa dizer que os preços de venda são constantes dentro de uma determinada faixa de atividade; a produtividade é constante; e os custos dos insumos de produção também são constantes dentro da faixa de atividade considerada. Quando poderia caracterizar-se a não-linearidade? No caso das receitas, reduções no preço de venda podem ser necessárias para elevar o volume das vendas a um nível mais alto. Da mesma forma, os custos variáveis unitários podem diminuir quando o nível de atividade aumentar. Isso ocorre à medida que os gestores manipulam os processos mais eficiente e eficazmente.
- O preço de venda unitário, os custos variáveis unitários e os custos fixos são conhecidos.
- A análise abrange tanto um único produto quanto supõe que um dado *mix* de receita de produtos permanecerá constante mesmo quando a quantidade total de unidades vendidas se alterar.
- Todas as receitas e os custos podem ser adicionados e comparados sem levar em consideração o valor do dinheiro no tempo.

No processo de gestão de custos, esse tipo de análise pode responder a perguntas que constantemente surgem e a muitas situações em que, por desconhecerem procedimentos adequados, tantos executivos tomam decisões com base no "achismo", levando, em inúmeros casos, à perda de clientes potenciais ou até mesmo ao encerramento das suas operações. A seguir, apresentamos alguns questionamentos que esse tipo de análise ajuda a dirimir.

- O empreendimento é viável?
- Qual o produto mais rentável?
- Qual o produto mais lucrativo?
- Produtos deficitários podem aumentar o lucro da empresa?
- Quais as conseqüências da retirada de determinado produto de fabricação?
- Variando um tipo de custo, para mais ou para menos, quais são as conseqüências nos resultados da empresa?
- Reduzindo a produção, quais são as conseqüências nos resultados?
- Quando são produzidos diferentes produtos em proporções diferentes, quais as conseqüências no ponto de equilíbrio?

Para responder a essas perguntas, o gestor deve ter em mente que ele só gerencia aquilo que controla. Assim, o conhecimento dos efeitos possíveis em negócios diferentes na receita, nos custos e no resultado deve ser buscado pelo gestor antes do processo decisório.

Quanto a isso, não existem custos ou despesas eternamente fixos, pois havendo, por exemplo, necessidade de se atender a uma oferta especial, será inevitável ultrapassar a capacidade instalada. Extrapolando assim os limites de oscilação a que esses gastos se referem, podemos incorrer em acréscimos que, por sua vez, não ocorrem de forma linear.

Podemos verificar, como no exemplo apresentado por Martins,[2] que uma fábrica parada, sem atividade alguma, já é responsável pela existência de alguns tipos de custos e despesas fixos (vigia, lubrificação das máquinas, depreciação etc.). Para colocá-la em condições de funcionamento, mesmo que a 10% da capacidade, já há um acréscimo abrupto desses custos

---

[2] Martins, 1996.

(chefias, mestres, mecânicos, almoxarifes etc.). Talvez possa agüentar com essa estrutura até 20% da capacidade; aí, para aumentar um pouco mais, talvez precise de outros homens para a recepção de materiais, controle de qualidade, ferramentaria, entre outros que lhe podem provocar um acréscimo menor ou maior que a percentagem de acréscimo do volume de produção.

Em inúmeras empresas, os únicos custos realmente variáveis no verdadeiro sentido da palavra são, praticamente, as matérias-primas. Mesmo assim, pode acontecer que o seu grau de consumo, em algum tipo de empresa, não seja exatamente proporcional ao grau de produção. Por exemplo, certas indústrias têm perdas no processamento da matéria-prima que, quando o volume produzido é baixo, são altas, tendendo a diminuir percentualmente quando a produção cresce.

Por outro lado, a mão-de-obra direta pode crescer à medida que se produz mais, mas não de forma exatamente proporcional, devido à produtividade que tenderia a aumentar até certo ponto, para depois começar a cair. Se o pessoal tem oito horas para produzir 60 unidades, quando normalmente levaria seis para tal volume, provavelmente gastará as oito horas todas trabalhando de forma um pouco mais calma (se não estiver o volume por hora condicionado por máquinas). Se o volume passar para 80 unidades, o pessoal trabalhará as mesmas oito horas; se for de 90 unidades, talvez leve pouco mais de nove horas, em função do cansaço, que faz decrescer a produtividade.

A análise da relação custo-volume-lucro é utilizada para projetar o lucro obtido em diversos níveis de produção e vendas, bem como analisar o impacto sobre o lucro das modificações no preço de venda, nos custos ou em ambos. Esse tipo de análise está calcado no custeio direto ou variável que, como visto anteriormente, é um método de custeio utilizado para fins decisoriais que orienta o gestor em processos de formação de preço, determinação do *mix* de produtos, decisão de retirar ou não um produto de linha, decisão de compra ou fabricação, além de possibilitar a análise do comportamento dos lucros em função das variações de vendas. Através dessa relação, pode-se estabelecer qual a quantidade mínima que a empresa deverá produzir e vender para que não incorra em prejuízo, atingindo-se assim o ponto de equilíbrio.

Nesse contexto, os custos e despesas variáveis assumem papel fundamental, pois são responsáveis por afetar de forma direta a margem de contribuição do produto ou serviço.

Para que possamos partir para a análise de ponto de equilíbrio, torna-se necessário conhecermos quanto custa efetivamente o produto, qual é a estrutura do negócio em termos de capacidade máxima, custos de capacidade instalada, preço de venda e, conseqüentemente, as despesas marginais (variáveis) e fixas.

Análise do ponto de equilíbrio

Uma vez separados os custos da empresa em fixos e variáveis, os gestores estão de posse de informações úteis para a preparação de instrumentos de análise que, além de responder a diversos questionamentos, auxiliarão no processo de tomada de decisões, no planejamento e no controle.

Considerada uma das principais análises utilizadas no processo de gestão, a do ponto de equilíbrio — que em inglês é denominado *break-even point* — representa o momento em que a empresa atinge o resultado nulo em suas operações, ou seja, não há lucro nem prejuízo. Para que isso aconteça, é necessário que a receita total se iguale ao somatório dos custos e despesas totais, sejam eles fixos ou variáveis.

Conforme citado, antes de pensar em gerar lucro e até mesmo maximizar o resultado, a preocupação inicial de todo gestor se prende a identificar que nível de vendas atingir para que a margem de contribuição seja equivalente aos custos fixos.

A análise do ponto de equilíbrio é uma conseqüência direta do comportamento dos custos diante do volume de atividade e pode ser trabalhada de três formas: ponto de equilíbrio contábil, econômico e financeiro. A seguir, detalhamos cada um deles.

- Ponto de equilíbrio contábil: significa a quantidade que equilibra a receita total com a soma dos custos e despesas relativos aos produtos ou serviços vendidos. Representa o modelo tradicional de avaliação.
- Ponto de equilíbrio econômico: é a quantidade que iguala a receita total com a soma dos custos e despesas, acrescida de uma remuneração mínima (custo de oportunidade) sobre o capital investido na empresa, ou seja, a expectativa gerada pelos investidores de rentabilidade auferida no negócio.
- Ponto de equilíbrio financeiro: é a quantidade que iguala a receita total com a soma dos custos e despesas que representam desembolso financeiro para a empresa. Nesse caso, os encargos da depreciação são excluídos por não representarem desembolso para a empresa.

Levando-se em consideração os conceitos apresentados, podemos caracterizar que o ponto de equilíbrio econômico é maior que o ponto de equilíbrio contábil, que, por sua vez, é maior que o ponto de equilíbrio financeiro.

Na figura 11, apresentamos uma representação gráfica do ponto de equilíbrio.

Figura 11

PONTO DE EQUILÍBRIO

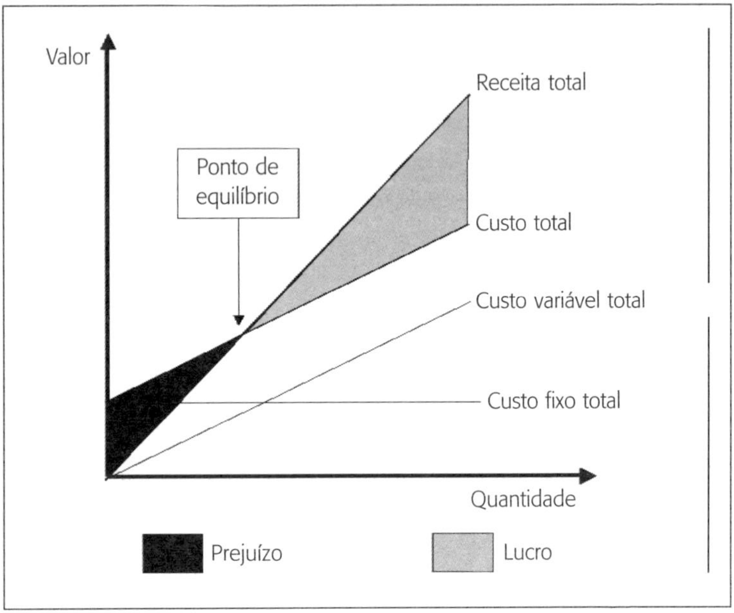

Conforme podemos observar na figura 11, no ponto de equilíbrio a receita total iguala-se aos custos totais; dessa forma, pode-se apresentar a seguinte equação:

Receita total = custo total
Receita total = custo fixo + custo variável

(quantidade no ponto de equilíbrio) x (preço unitário de venda) = (custos fixos) + (quantidade. no ponto de equilíbrio) x (custo unitário variável)

Ou:

(quantidade no ponto de equilíbrio) x [(preço unitário de venda) – (custo unitário variável)] = (custos fixos)

Então:

$$\text{Quantidade no ponto de equilíbrio} = \frac{\text{custos fixos}}{\text{(preço unit. venda)} - \text{(custo unit. variável)}}$$

Ou ainda:

$$\text{Quantidade no ponto de equilíbrio} = \frac{\text{custos fixos}}{\text{margem de contribuição unitária}}$$

Exemplo:

Preço de venda unitário	= $ 0,60
Custo variável unitário	= $ 0,50
Custos fixos	= $ 6.000,00

No ponto de equilíbrio:

Receita = custos fixos + custos variáveis

Ou:

[quantidade] x $ 0,60 = $ 6.000,00 + [quantidade] x $ 0,50

Ou ainda:

[quantidade] x (0,60 – 0,50) = 6.000,00 ou quantidade no ponto de equilíbrio = 6.000,00/(0,60 – 0,50) = 60.000 unidades

E o valor no ponto de equilíbrio é dado por:

60.000,00 x $ 0,60 = $ 36.000,00

Aproveitando esse exemplo, vamos calcular os pontos de equilíbrio contábil, econômico e financeiro.

Ponto de equilíbrio contábil

Preço de venda unitário	=	$ 0,60
Custo variável unitário	=	$ 0,50
Custos fixos	=	$ 6.000,00 por ano

Então:

$$\text{Ponto de equilíbrio contábil} = \frac{\$\,6.000,00/\text{ano}}{(\$\,0,60/\text{u} - \$\,0,50/\text{u})} =$$

60.000 unidades/ano ou $ 36.000,00/ano de vendas

A fórmula do ponto de equilíbrio, tal como deduzido anteriormente, o ponto onde o lucro é igual a zero, representa o ponto de equilíbrio contábil.

Ponto de equilíbrio econômico

Supondo que a empresa dispusesse de um patrimônio líquido, no início do ano, de $ 20.000,00 e tivesse colocado a render um mínimo de 10% ao ano, tem-se um lucro líquido anual desejado de $ 2.000,00.

Nesse caso, então, ao custo fixo deverão ser adicionados $ 2.000,00, pois o equilíbrio de receitas e despesas só se dará no ponto de lucro igual a $ 2.000,00 e não no de lucro igual a zero, como no caso clássico.

$$\text{Ponto de equilíbrio econômico} = \frac{\$\,6.000,00 + 2.000,00}{(\$\,0,60/\text{u} - \$\,0,50/\text{u})} = 80.000\ \text{unidades/ano}$$

ou $ 48.000,00/ano de vendas (80.000 unidades x $ 0,60)

Ponto de equilíbrio financeiro

Supondo, por outro lado, que exista uma depreciação de $ 1.000,00, e como não representa desembolso de caixa, tudo se passa como se os fixos fossem de apenas $ 5.000,00.

$$\text{Ponto de equilíbrio financeiro} = \frac{\$\,5.000,00}{(\$\,0,60/\text{u} - \$\,0,50/\text{u})} = 50.000\ \text{unidades/ano}$$

ou $ 30.000,00/ano de vendas (50.000 unidades x $ 0,60)

Uma vez definido o faturamento mínimo necessário para se atingir o equilíbrio operacional (contábil), obtendo-se, com isso, resultado nulo, passamos então a trabalhar num degrau acima, ou seja, o lucro.

Como o objetivo de todo gestor é trabalhar em busca da geração do resultado, sendo este, inclusive, um dos principais fatores utilizados no processo de avaliação de desempenho, vamos, agora, em busca do faturamento necessário para se atingir um lucro calcado nas projeções orçamentárias. A partir de então, ao se falar em lucro, passamos a discutir outros indicadores de análise, quais sejam, a margem de segurança e o grau de alavancagem operacional.

Para melhor compreensão do conteúdo abordado, apresentaremos exemplos de empresas do ramo de serviços, comércio e indústria.

Exemplo 1: indústria — fabricação de um único produto

Determinada indústria monoprodutora vendeu 50.000 unidades de seu produto no exercício de 20X1 e apresentou a demonstração de resultados a seguir.

Venda	$ 250.000
(–) Custos variáveis — por unidade	$ 150.000
(–) Custos variáveis — comissão — 10% das vendas	$ 25.000
= Margem de contribuição	$ 75.000
(–) Custos fixos	$ 35.000
= Lair (lucro antes do imposto de renda)	$ 40.000
(–) IR (20%)	$ 8.000
= Lucro líquido	$ 32.000

Em 20X2, desejando melhorar a qualidade de seu produto, a empresa substitui uma peça (componente do produto) que custa $ 1 por outra que custa $ 2 por unidade. Adicionalmente, com o intuito de aumentar a sua capacidade de produção, efetua investimentos de $ 60.000.000 em uma máquina, cuja vida útil está estimada em seis anos (valor residual nulo). Todos os ativos da empresa são depreciados pelo método da linha reta (depreciação linear).

Considerando as informações citadas, determine:

a) O ponto de equilíbrio em unidades (base números do exercício de 20X1).
b) Quantas unidades a empresa deveria ter vendido em 20X1, se desejasse obter lucro de $ 56.000 após o imposto de renda?
c) Mantendo-se o preço de venda do ano anterior, quantas unidades terão de ser vendidas para que a empresa alcance o ponto de equilíbrio no exercício de 20X2?
d) Mantendo-se o mesmo preço de venda do exercício de 20X1, quantas unidades terão de ser vendidas em 20X2 para que a empresa alcance o mesmo lucro de 20X1?

Vamos à resolução comentada.

a) Para determinar o ponto de equilíbrio, é necessário determinar primeiramente a margem de contribuição e, em seguida, identificar os custos fixos.

Assim, temos MC unitária = $ 1,50, definida da seguinte forma:

Vendas: $ 250.000/50.000 unidades = $ 5
Custos variáveis por unidade: $ 150.000/50.000 unidades = $ 3
Custos variáveis em percentual da receita: $ 250.000 x 10% = $ 25.000/50.000 unidades = $ 0,50
MC = vendas – custos variáveis
MC = $ 5 – $ 3 – $ 0,50 = $ 1,50

O custo fixo total da empresa é de $ 35.000.

Dessa forma, podemos determinar o ponto de equilíbrio:

PE = CF / MC

PE = 35.000 / $ 1,50

PE = 23.333 unidades

b) O volume necessário para se atingir um lucro líquido de $ 56.000 é definido da forma seguinte.

Considerando que o imposto de renda representa 20% do Lair (lucro antes do imposto de renda), então o lucro líquido representará 80% do Lair.

Logo, o Lair será de $ 70.000 ($ 56.000 / 0,8).

Uma vez que o Lair representa $ 70.000 e que o custo fixo monta a $ 35.000, a margem de contribuição total será determinada pelo somatório do custo fixo com o Lair. Assim, determinamos o volume necessário para o lucro estimado:

$ 105.000 (margem de contribuição total)/$ 1,50 (margem de contribuição unitária)

Logo, é necessário 70.000 unidades para se auferir o lucro líquido de $ 56.000.

c) Considerando as alterações ocorridas no processo produtivo para o exercício de 20X2, teremos uma nova margem de contribuição e um novo custo fixo.

O custo fixo para o exercício de 20X2, levando-se em consideração o investimento efetuado na aquisição da máquina, representa $ 45.000 (os $ 35.000 já existentes mais $ 10.000 da depreciação da máquina).

Já a margem de contribuição, considerando o acréscimo do custo variável, passa a ser de $ 0,50. A margem de contribuição foi determinada considerando-se a manutenção do preço em $ 5 e o acréscimo do custo variável para $ 4,50.

Dessa forma, o volume necessário para se atingir o ponto de equilíbrio em 20X2 é de 90.000 unidades. Esse volume foi determinado considerando que a margem de contribuição é de $ 0,50 e que o custo fixo é de $ 45.000.

PE = CF/MC unitária

PE = $ 45.000/$ 0,50 = 90.000 unidades

d) Neste item, pede-se o volume necessário para se atingir o mesmo lucro do exercício anterior. Para isso, considerando-se a nova margem de contribuição para 20X2 de $ 0,50 e o novo custo fixo de $ 45.000, teremos o seguinte volume:

Quantidade = (custo fixo + Lair)/MC unitária

Quantidade = ($ 45.000 + $ 40.000)/$ 0,50 = 190.000 unidades

Exemplo 2: comércio — comercialização de vários produtos

Vamos agora apresentar o exemplo de uma empresa comercial que comercializa várias mercadorias. Para esse tipo de situação, devemos utilizar a técnica do *mix* de vendas.

Certa empresa apresenta um custo fixo total no valor de $ 150.000 e comercializa três produtos: A, B e C. Avaliando sua situação histórica, concluiu-se que o *mix* de vendas é composto da seguinte forma: sempre que vende duas unidades do produto A, vende cinco unidades do produto B e sete unidades do produto C.

As receitas unitárias alcançam os seguintes valores:

Produto A = $ 0,50/un
Produto B = $ 0,30/un
Produto C = $ 0,40/un

Os custos variáveis atingem os seguintes valores:

Produto A = $ 0,30/un
Produto B = $ 0,20/un
Produto C = $ 0,10/um

Considerando os dados apresentados, quantas unidades devem ser vendidas de cada produto para que se atinja o ponto de equilíbrio?

Apresentamos a resolução comentada.

Nessa situação, a margem de contribuição de cada produto deve ser definida de forma ponderada no *mix*. Assim, teríamos os seguintes dados:

Produto	MC unitária	*Mix*	MC no *mix*
A	$ 0,20	2 unidades	$ 0,40
B	$ 0,10	5 unidades	$ 0,50
C	$ 0,30	7 unidades	$ 2,10

A margem de contribuição do *mix* é de $ 3,00 ($ 0,40 do A + $ 0,50 do B + $ 2,10 do C).

Dessa forma, podemos determinar a quantidade de *mix* necessária para atingir o ponto de equilíbrio:

PE = CF/MC *mix*
PE = $ 150.000/$ 3
PE = 50.000 *mix* de vendas

Agora podemos determinar o volume de cada produto:

Produto A: 50.000 *mix* x 2 unidades no *mix* = 100.000 unidades
Produto B: 50.000 *mix* x 5 unidades no *mix* = 250.000 unidades
Produto C: 50.000 *mix* x 7 unidades no *mix* = 350.000 unidades
Total: 700.000 unidades

Exemplo 3: serviços

Apresentaremos a seguir o exemplo de uma empresa de serviços na área de hotelaria.

Determinado hotel apropria um custo fixo anual de $ 1.000.000 pelos seus 170 quartos, cobra diárias médias de $ 50 e tem custos variáveis de $ 10 por quarto. Funciona 365 dias por ano e está sujeito a uma alíquota de imposto de renda de 30%.

Considerando as informações apresentadas, determine:

a) Quantos quartos precisam ser ocupados por dia para que se atinja o ponto de equilíbrio? Qual seria a taxa de ocupação?
b) Quantos quartos são necessários para se atingir um lucro líquido de $ 140.000? Qual seria a taxa de ocupação?

Apresentamos a resolução comentada.

a) Considerando que o custo fixo do hotel é de $ 1.000.000 por ano e que a margem de contribuição é de $ 40 (preço de $ 50 – custo variável de $ 10), temos:

PE = CF/MC unitária
PE = $ 1.000.000/$ 40 = 25.000 unidades por ano
PE/dia = 25.000 quartos/365 dias = 68,5 quartos por dia

Para esse volume, a taxa de ocupação média é de 40%. Essa taxa de ocupação é determinada pela divisão do volume no ponto de equilíbrio pela capacidade máxima do hotel (68,5 quartos/170 quartos).

b) Para se atingir um lucro líquido de $ 140.000, é necessário ocupar 82,2 quartos por dia, determinado da forma seguinte.

Considerando que o lucro líquido representa 70% do Lair (lucro antes do imposto de renda), pois há um impacto tributário de 30% referente ao imposto de renda, o Lair será de $ 200.000, ou seja, $ 140.000/0,7.

Para o volume desejado, é necessário que a margem de contribuição seja equivalente ao somatório do custo fixo com o Lair.

Quantidade: (custo fixo + Lair)/MC unitária
Quantidade: ($ 1.000.000 + $ 200.000)/$ 40
Quantidade: 30.000 quartos por ano/365 dias = 82,2 quartos por dia

Para esse volume, a taxa de ocupação seria de aproximadamente 48% (82,2 quartos/170 quartos).

Margem de segurança e grau de alavancagem operacional

A margem de segurança é um indicador a ser utilizado no processo de gestão; para tanto, é necessário que a organização tenha bem definido o resultado estimado baseado em projeções orçamentárias. Esse resultado é determinado tomando-se por base a taxa mínima de atratividade, ou seja, o retorno esperado a fim de tornar interessante e conseqüentemente lucrativa a injeção de capital por parte dos investidores.

Uma vez definido o resultado que se deseja auferir, pode-se então afirmar que a margem de segurança representa a percentagem máxima de redução na receita sem que se incorra em prejuízo. Em outras palavras, caso haja algum problema mercadológico que faça com que a empresa não consiga atingir o resultado projetado, qual o percentual máximo de redução da receita para, no mínimo, cobrir todos os custos operacionais, sejam estes fixos ou variáveis.

Para tornar mais clara a utilidade do indicador, apresentamos a simulação seguinte.

Vamos considerar que uma determinada empresa apresente uma capacidade instalada de 5.000 unidades, que seu produto seja vendido a um preço unitário de $ 12,00, que tenha um custo variável de $ 8,00 por unidade e que o custo de capacidade instalada — custo fixo — seja de $ 10.000,00 por mês.

Situação 1

Com base nos dados apresentados, podemos concluir que será necessário vender 2.500 unidades para que a empresa consiga atingir o ponto de equilíbrio, demonstrado da forma seguinte.

No ponto de equilíbrio:

Receita = custos fixos + custos variáveis, *ou*
[quantidade] x $ 12,00 = $ 10.000,00 + [quantidade] x $ 8,00, *ou ainda*
[quantidade] x ($ 12,00 – $ 8,00) = $ 10.000,00

Ou

$$\text{quantidade no ponto de equilíbrio} = \frac{\$10.000,00}{(\$12,00 - \$8,00)} = 2.500 \text{ unidades}$$

e o valor no ponto de equilíbrio é dado por: 2.500 × $ 12,00 = $ 30.000,00.

Situação 2

Na elaboração do orçamento, projetou-se um lucro de $ 2.000,00.

Nessa situação, a fim de se alcançar tal lucro, será necessário vender 3.000 unidades, determinado da seguinte forma:

Receita = custos fixos + custos variáveis + lucro, *ou*
[quantidade] x $ 12,00 = $ 10.000,00 + [quantidade] x $ 8,00 + $ 2.000,00, *ou ainda*
[quantidade] x ($ 12,00 – $ 8,00) = $ 12.000,00

$$\text{quantidade para o lucro estimado} = \frac{\$12.000,00}{(\$12,00 - \$8,00)} = 3.000 \text{ unidades}$$

e o valor para o volume determinado é dado por: 3.000 × $ 12,00 = $ 36.000,00.

Uma vez determinado o volume necessário para se auferir a lucratividade projetada, passaríamos a tratar esse volume, no caso de 3.000 unidades, como o volume mínimo a ser vendido.

Nesse contexto, a margem de segurança do negócio seria de 16,67%, definida da seguinte maneira:

$$\text{Margem de segurança} = \frac{\text{receita atual } (-) \text{ receita no ponto de equilíbrio}}{\text{receita atual}}$$

$$\text{Margem de segurança} = \frac{\$36.000,00 - \$30.000,00}{\$36.000,00}$$

$$\text{Margem de segurança} = 16,67\%$$

Podemos então considerar que, caso venha a ocorrer algum problema mercadológico, a empresa poderá reduzir seu atual faturamento em até no máximo 16,67% e ainda assim todos os custos, fixos e variáveis estarão cobertos.

Considerando que as metas orçamentárias estejam bem definidas e, no exemplo citado, teríamos como parâmetro a venda de 3.000 unidades para atingir o lucro projetado, focamos as operações no sentido de superar tais metas, buscando, dessa forma, a maximização do resultado.

Situação 3

Como gestores e tomadores de decisões, somos cobrados a todo momento pela geração de resultados. Assim, não devemos limitar-nos a auferir o resultado mínimo, ou seja, o resultado estimado em projeções orçamentárias. Devemos, sim, tentar superar essas metas operacionais.

No exemplo apresentado, considerando que a capacidade instalada seja de 5.000 unidades, que são necessárias 2.500 unidades para equilibrar as operações (ponto de equilíbrio contábil) e que para auferir o resultado projetado é necessário 3.000 unidades, nosso objetivo agora é tentar superar as metas.

Para facilitar a análise, apresentamos os dados:

Volume unitário	Descrição	Indicadores
5.000	Capacidade instalada	—
2.500	Resultado nulo	Ponto de equilíbrio contábil
3.000	Lucro estimado de $ 2.000,00	Margem de segurança

Conforme demonstrado, temos bem definido o volume no ponto de equilíbrio e o volume necessário para se auferir o resultado projetado.

Vamos então considerar que houve uma superação do volume de vendas projetado e que se conseguiu atingir um volume de 3.600 unidades. Nessa situação, como houve um faturamento superior ao projetado, pode-se assegurar que está havendo uma maximização de resultado. Assim, está-se gerando uma alavancagem operacional.

O grau de alavancagem operacional é gerado quando se atinge um volume de vendas acima do mínimo estimado, contribuindo para a maximização do resultado. Sua determinação é feita da seguinte forma:

$$\text{Grau de alavancagem operacional (GAO)} = \frac{\text{\% acréscimo no lucro}}{\text{\% acréscimo no volume}}$$

Para que o grau de alavancagem operacional no exemplo exposto seja determinado, primeiramente é necessário demonstrar a apuração do lucro para o volume projetado e o volume atingido. Para tanto, devemos considerar a margem de contribuição unitária do produto.

Nesse caso, a margem de contribuição é $ 4,00 por unidade, definida pela diferença entre o preço de venda e o gasto variável unitário ($ 12,00 – $ 8,00).

Temos então que:

Lucro para o volume projetado: margem de contribuição unitária x volume excedente ao ponto de equilíbrio

Logo:

Lucro para o volume projetado de 3.000 unidades seria: $ 4,00 x 500 unidades
Lucro = $ 2.000
Lucro para o volume atingido de 3.600 unidades seria: $ 4,00 x 1.100 unidades
Lucro = $ 4.400

Podemos então determinar o grau de alavancagem operacional:

$$\text{Grau de alavancagem operacional (GAO)} = \frac{\text{\% acréscimo no lucro}}{\text{\% acréscimo no volume}}$$

Onde:

% acréscimo no lucro = ($ 4.400 – $ 2.000) / $ 2.000 = 1,2 = 120%
% acréscimo no volume = (3.600 – 3.000) / 3.000 = 0,2 = 20%

$$\text{Grau de alavancagem operacional (GAO)} = \frac{120}{20}$$

Grau de alavancagem operacional (GAO) = 6

Muito bem, e o que isso significa? Por que essa ferramenta é tão poderosa no processo de tomada de decisão? Qual a utilidade desse indicador na definição das metas orçamentárias?

Em primeiro lugar, precisamos interpretar o índice. Um grau de alavancagem operacional de 6 significa que cada 1% de acréscimo no atual volume de vendas (baseado nas projeções orçamentárias) acarretará um aumento no lucro de 6%, ou seja, o grau de alavancagem operacional representa quantas vezes o lucro aumentará ou diminuirá em função da variação da receita.

Como demonstrado no exemplo, determinamos um grau de alavancagem operacional de 6. Isso significa que o lucro sofrerá variação de seis vezes a variação do volume. Logo, teríamos a simulação seguinte.

Imaginemos que a empresa projete para o próximo mês um acréscimo nas vendas de 20%. Imediatamente poderemos assegurar que o lucro sofrerá um aumento de 120%. Isso porque, como o grau de alavancagem operacional é de 6, se as vendas aumentaram em 20%, o lucro sofrerá o seguinte efeito: 20% × 6 = 120%. Vamos comprovar esse acréscimo no resultado pela análise seguinte.

- Para o volume estimado de 3.000 unidades, a empresa auferia um lucro de $ 2.000,00, ou seja, volume excedente ao ponto de equilíbrio – 500 unidades × R$ 4 (margem de contribuição unitária).
- Por outro lado, considerando que haverá um acréscimo no faturamento de 20%, a empresa passará a vender 3.600 uni-

dades (3.000 unidades × 1,20). Dessa forma, o lucro para esse volume será de $ 4.400,00, sendo esse lucro determinado considerando-se o volume excedente ao ponto de equilíbrio (3.600 unidades – 2.500 unidades), nesse caso 1.100 unidades × $ 4,00 (margem de contribuição unitária).

Comprovamos então, pela análise efetuada, que a variação do lucro foi de exatamente 120% ($ 4.400,00 / $ 2.000,00).

Vamos agora considerar a situação inversa, ou seja, ao invés de acréscimo no faturamento, projetaríamos, em função de problemas de demanda, uma redução nas vendas de 15%.

Nessa situação, poderíamos afirmar que, se o volume de vendas sofreu uma redução de 15%, automaticamente asseguraríamos que o resultado terá uma queda de 90%.

Demonstramos a seguir essa conclusão.

- ❑ Conforme apresentado, para o volume estimado de 3.000 unidades, a empresa auferia um lucro de $ 2.000,00, ou seja, volume excedente ao ponto de equilíbrio – 500 unidades × R$ 4 (margem de contribuição unitária).
- ❑ Por outro lado, considerando que haverá uma diminuição no faturamento de 15%, a empresa passará a vender 2.550 unidades (3.000 unidades × 0,85). Dessa forma, o lucro para esse volume será de $ 200,00 sendo esse lucro determinado pelo volume excedente ao ponto de equilíbrio (2.550 unidades – 2.500 unidades), nesse caso 50 unidades × $ 4,00 (margem de contribuição unitária).

Comprova-se assim, pela análise efetuada, que a variação do lucro foi de exatamente 90%, ou seja, houve uma queda de 90% entre o lucro projetado e o lucro realizado, demonstrado da seguinte forma: (200 – 2000) / 2.000 = – 0,90 = – 90%

Para melhor visualização da análise, apresentamos os dados desde a definição do ponto de equilíbrio, apuração da margem de segurança e determinação do grau de alavancagem operacional, com as respectivas simulações de variações na receita.

Descrição	Volume p/ unidades	Lucro	Indicador
Ponto de equilíbrio contábil	2.500	$ 0	–
Margem de segurança	3.000	$ 2.000,00	MS = 16,67%
GAO – simulação 1	3.600 (+20%)	$ 4.400,00	GAO = 6 (+120%)
GAO – simulação 2	2.550 (–15%)	$ 200,00	GAO = 6 (– 90%)

A seguir, um exemplo que consolida todos os tópicos abordados neste capítulo, a fim de tornar mais claras as informações aqui apresentadas.

A empresa Resumo comercializa o produto Síntese. Em seu primeiro ano de funcionamento, a empresa produziu e vendeu 300.000 unidades, obtendo uma receita de $ 3.000.000. Sua capacidade de produção é bem superior às 300.000 unidades produzidas nesse período.

Os custos totais foram de $ 1.800.000, sendo: $ 900.000 de custos fixos e custos variáveis de $ 3 por unidade produzida. Não há estoques no início e no fim do período.

A empresa paga impostos de 15% da receita. O Departamento de Vendas apurou despesas variáveis de 5% da receita (comissão de vendas) e despesas fixas de $ 100.000 para o período. Já o Departamento Administrativo apresentou apenas despesa fixa de $ 200.000.

Para exemplificar de maneira completa alguns parâmetros, serão compostos os cenários seguintes.

- Cenário inicial: como o gestor deve tomar a decisão? Como é a estrutura informacional do modelo?
- Hipótese A: qual será o impacto no resultado, caso a empresa consiga vender 100.000 unidades a mais?

- Hipótese B: calcule o ponto de equilíbrio da empresa.
- Hipótese C: perto do fim do ano, a empresa recebe uma proposta de outra, que está interessada em comprar 50.000 unidades por $ 7,00 por unidade. A empresa deve ou não aceitar?
- Hipótese D: os gestores da Resumo pretendem, para o ano seguinte, reduzir o preço do Síntese, pois sabem que assim obterão um aumento em 16,67% da quantidade vendida. Para isso, devem investir mais $ 40.000 em marketing, esperando, ainda, um aumento do lucro operacional na faixa de 14%. Por quanto deverão vender o seu produto?
- Hipótese E: qual será o impacto na quantidade vendida de uma terceirização do processo produtivo que, caso feita, eliminará 10% dos custos fixos a partir de um aumento de 20% dos custos variáveis, assumindo que a empresa deseje obter o mesmo lucro ($ 300.000)?

Vejamos a resolução.

O método de custeio trabalhado pela maioria das empresas é chamado de custeio por absorção, em que os produtos absorvem todos os custos e o relatório é estruturado de forma funcional, ou seja, da receita retiram-se todos os esforços do processo produtivo (custos) e, depois, os esforços do processo de suporte (despesas), conforme descrito a seguir.

Modelo de custeio por absorção

Discriminação	Cenário inicial	
Quantidade	300.000	Valor unitário
Receita	3.000.000	10,00
Custos totais	1.800.000	6,00
Lucro bruto	1.200.000	4,00
Despesas totais	900.000	3,00
LO	300.000	1,00

Entretanto, para melhor resolução do problema, o método de custeio variável assume maior sensibilidade decisória:

Modelo de custeio absorção		
	Cenário inicial	
Quantidade	300.000	Unitário
Receita	3.000.000	10,00
Custos totais	1.800.000	6,00
Lucro bruto	1.200.000	4,00
Despesas totais	900.000	3,00
LO	300.000	1,00

Modelo de custeio variável		
	Cenário inicial	
Quantidade	300.000	Unitário
Receita	3.000.000	10,00
Custos variáveis	900.000	3,00
Despesas variáveis	600.000	2,00
Margem de contribuição	1.500.000	5,00
Custos fixos	900.000	
Despesas fixas	300.000	
LO	300.000	

Dessa forma, as hipóteses podem ser desenvolvidas assim:

		Hipótese A		Hipótese B		Hipótese C		Hipótese D		Hipótese E	
A	Quantidade	400.000	Unitário	240.000	Unitário	50.000	Unitário	350.000	Unitário	320.455	Unitário
	Receita	4.000.000	10,00	2.400.000	10,00	350.000	7,00	3.290.000	9,4	3.204.545	10,00
	Custo variável	1.200.000	3,00	720.000	3,00	150.000	3,00	1.050.000	3,00	1.153.636	3,60
	Despesa variável	800.000	2,00	480.000	2,00	70.000	1,40	658.000	1,88	640.909	2,00
	Impostos	600.000	1,50	360.000	1,50	52.500	1,05	493.500	1,41	480.682	1,50
	Comissão	200.000	0,50	120.000	0,50	17.500	0,35	164.500	0,47	160.227	0,50
	Margem de contr.	2.000.000	5,00	1.200.000	5,00	130.000	2,60	1.582.000	4,52	1.410.000	4,40
B	Custo fixo	900.000		900.000				900.000		810.000	
	Despesa fixa	300.000		300.000				340.000		300.000	
	LO	800.000		0		130.000		342.000		300.000	

A seguir, apresentamos algumas observações.

- Cenário inicial: o custeio variável simplifica a gestão por elucidar uma informação essencial — comportamento de custos. Ou seja, ele fornece subsídio para que o gestor compreenda como a empresa se comporta, destacando aqueles que variam conforme quantidade (coluna A), daqueles que não variam (coluna B). Isso faz com que haja maior precisão do entendimento de comportamento de custos, controle e planejamento.

- Hipótese A: caso os valores unitários sejam os mesmos, todos os itens da coluna A se comportarão da mesma maneira; portanto, com o aumento da quantidade em 33,33%, receita, custos variáveis e margem de contribuição aumentarão na mesma proporção. Percebe-se a prática da *alavancagem operacional*, pois o aumento de 33,3% da receita acarretará um incremento de 167% do lucro.
- Hipótese B: basta dividir os custos fixos ($ 1.200.000) pela margem de contribuição unitária ($ 5,00). Já a *margem de segurança* é a diferença entre as unidades do cenário inicial (300.000 unidades) e a do ponto de equilíbrio (240.000 unidades). Esta (60.000 unidades) representa 20% das 300.000 unidades.
- Hipótese C: pelo modelo absorção, os custos e despesas unitários somam $ 9,00 por unidade, fazendo com que o gestor provavelmente recuse a proposta de $ 7,00 por unidade. Entretanto, a viabilidade econômica do projeto repousa na visão de considerar na coluna apenas os valores marginais, isto é, quanto da receita, custos e despesas será incrementado. Naturalmente, os custos variáveis aumentarão. Os custos fixos poderão aumentar caso a capacidade de seus ativos esteja no limite. Desse modo, a proposta aumentará a lucratividade em 43% ($ 130.000/$ 300.000). A observação desta hipótese é se atentar ao fato de que alguns custos e despesas variáveis se modificam por conta da quantidade vendida ($ 3,00 por unidade — independentemente do preço cobrado) e outros variam conforme a receita. (Os impostos são de 15% da receita. Caso o preço seja de $ 10,00, seu valor é $ 1,50 por unidade. Caso o preço seja $ 7,00, seu valor será de $ 1,05 por unidade.)

- Hipótese D: todas as variáveis foram dadas, ou seja, custo variável unitário de \$ 3,00 por unidade, 20% da receita em impostos e comissão, demanda de 350.000 unidades, custos e despesas fixas de \$ 1.240.000 (aumento de \$ 40.000 da campanha de marketing) e LO de \$ 342.000 (\$ 300.000 × 1,14). Logo, a empresa terá:

$$\text{Preço} = \frac{\text{GV unit} + \dfrac{(\text{GF} + \text{LO})}{\text{Quantidade estimada}}}{(1 - \text{GV\%})}$$

$$\text{Preço} = \frac{3{,}00 + \dfrac{(1.240.000 + 342.000)}{350.000}}{(1 - 0{,}20)} = \$9{,}40/\text{unidade}$$

- Hipótese E: aqui começa a gestão propriamente dita. A partir do controle de todas as variáveis envolvidas, o administrador pode criar o cenário que desejar, mensurando o impacto no resultado. No caso, os custos fixos reduzem-se para \$ 810.000, enquanto os custos variáveis assumem valores de \$ 3,60 por unidade (a margem de contribuição unitária declina para \$ 4,40 por unidade). Assumindo que a empresa deseje obter o mesmo lucro, então deve considerar a seguinte fórmula:

$$\text{Quantidade} = \frac{\text{GF} + \text{LO}}{\text{MC unitária}}$$

$$\text{Quantidade} = \frac{1.110.000 + 300.000}{4{,}40} = 320.455 \text{ unidades}$$

No caso da hipótese, admitindo apenas questões numéricas, a terceirização não seria interessante para a empresa, visto que ela teria de vender mais unidades (320.455 unidades) para obter o mesmo lucro (\$ 300.000).

Neste capítulo, destacamos os diversos aspectos gerenciais que o método de custeio direto (variável) possibilita identificar.

No próximo capítulo discutiremos detalhadamente aspectos relativos à formação de preços para os ambientes comerciais, industriais e de prestação de serviços, baseados em modelo de custos.

4 Formação de preços

Neste capítulo apresentaremos alguns aspectos voltados para a formação de preços em ambientes do comércio, indústria e prestação de serviços, baseados em modelo de custos, considerando, ainda, questões tributárias mais comuns no atual contexto empresarial brasileiro.

Abordagens quanto à formação de preços

A formação de preços é um dos problemas mais delicados das organizações, ainda mais com a competitividade do mundo de hoje. De certa forma, "uma diferença relativamente pequena no preço pode gerar efeitos dramáticos na lucratividade do bem ou serviço".[3] Um estudo conduzido pela McKinsey em 1992, com mais de 2.400 empresas, mostra o impacto de várias decisões sobre os resultados finais: uma redução de 1% nos custos fixos melhora a lucratividade em 2,3%; um aumento de 1% no

[3] Atkin, 1988:56.

volume das vendas resulta em uma elevação de 3,3% nos lucros; uma redução de 1% nos custos variáveis ocasiona um aumento de 7,8% nos lucros e um aumento de 1% nos preços pode elevar a lucratividade em 11%.[4]

Preço é a expressão monetária do valor de um produto ou serviço, podendo ser amplamente definido como:

> o elemento mais flexível do composto de marketing (...). Há dois pontos de vista a considerar em relação ao preço. Primeiro, para a empresa, preço é a quantidade de dinheiro que está disposta a aceitar em troca de um produto. Para os consumidores, preço é algo que estão dispostos a pagar em troca de um produto.[5]

Existem três abordagens quanto à formação de preços, baseadas em custos, em percepção de valor e na concorrência.

Formação de preços baseada em custos

A metodologia consagrada por muitas empresas é aquela que define uma sistemática baseada nos esforços produtivos para se obter o preço de um bem ou serviço. Há a intenção de que o investidor obtenha lucro compatível com seus investimentos e, portanto, a receita deve cobrir os custos operacionais e gerar um lucro. De forma geral, o modelo de preço baseado em custos pode ser explicado pela figura 12.

Percebe-se que o produto gera o custo e, a partir de uma margem de lucro, estabelece-se o preço-meta a ser cobrado ao público.

---

[4] Raju e Zhang, 2005.

[5] Ferrel, Hartline, Junior e Luck, 2000.

Figura 12

PASSOS PARA A FORMAÇÃO DE PREÇOS BASEADA NO CUSTO

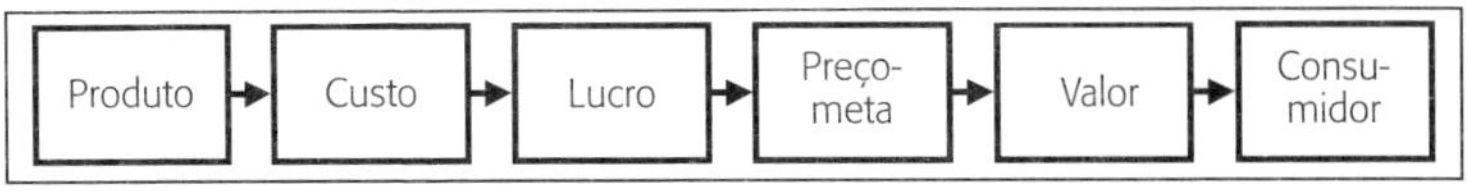

Fonte: Adaptada de Kotler (1998:246).

Formação de preços baseada em percepção de valor

Neste método de formação de preços, independentemente dos custos dos produtos, a tomada de decisão dos clientes está em sua percepção de valor. Dessa maneira, as empresas buscam mensurar quanto eles estão dispostos a pagar em troca de um bem ou serviço.

Com base no preço que os clientes desejam pagar e considerando o lucro esperado pelos acionistas, estima-se o custo-meta, isto é, o custo que o produto deve ter, conforme a figura 13.

Figura 13

PASSOS PARA A FORMAÇÃO DE PREÇOS BASEADA NO MERCADO

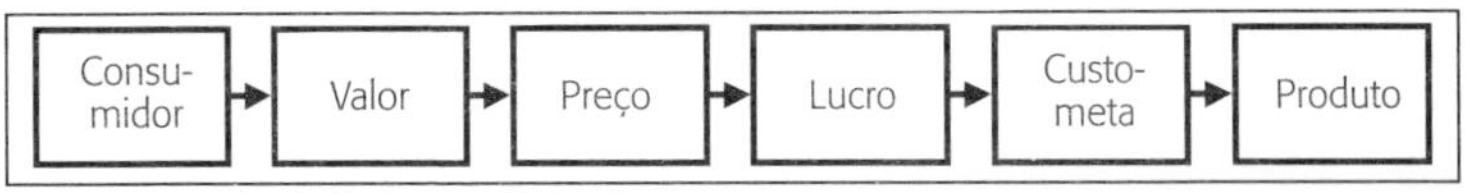

Fonte: Adaptada de Kotler (1998:246).

Percebe-se que o mercado acaba delimitando o produto a ser comercializado, tendo em vista que é a sua percepção de valor que irá direcionar os administradores a moldarem seus produtos de acordo com o custo-meta.

Formação de preços baseada na concorrência

Muitas vezes, a tomada de decisão dos consumidores está intimamente ligada à simples comparação do preço de um produto com outro do concorrente. Tal julgamento tem como premissa a força da marca das empresas e a percepção das diferenças existentes entre os produtos. Se forem semelhantes e proporcionarem os mesmos benefícios, a decisão se fundamentará na variável preço. Assim, a empresa estabelece seu preço em um patamar acima, igual ou inferior ao preço de seus competidores. O modelo pode ser representado pela figura 14.

Figura 14

PASSOS PARA A FORMAÇÃO DE PREÇOS BASEADA NA CONCORRÊNCIA

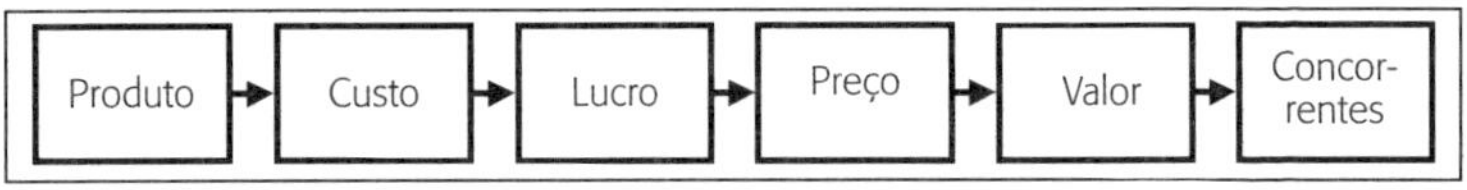

Tal precificação considera que a concorrência interfere diretamente no valor do produto a ser vendido e, conseqüentemente, no estabelecimento do preço.

Independentemente do modelo a ser escolhido, os gestores devem considerar inúmeras variáveis que influenciam a precificação, como percepção de valor, preço da concorrência, estratégias predefinidas, entre outras. Entretanto, são os objetivos financeiros aqueles que mais irão influenciar a tomada de decisões, como lucratividade e maximização do valor das ações. Assim, os objetivos não-mensuráveis podem ser importantes e devem ser levados em conta sempre que pertinentes à avaliação do êxito do empreendimento, *mas os objetivos financeiros terão um peso maior nesta avaliação*,[6] já que a cobertura dos custos e a geração do lucro são essenciais para a continuidade de qualquer empreendimento.

[6] Anthony, Dearden e Govindarajan, 1991.

Formação de preços baseada em gastos

O modelo de formação de preços baseada em gastos deve ser adaptado a cada tipo de atividade executada pela empresa, como segue.

Formação de preços para o comércio

A atividade comercial é relativamente simples no que tange ao seu processo operacional. Isso porque as empresas compram, estocam e vendem os produtos. Não há transformação de produtos. Por isso, a fórmula para essa atividade é:

$$\text{Preço do produto} = \frac{GV_{unit} + \left(\dfrac{GF_{rateado}}{\text{Quantidade}}\right)}{[1 - (GV\,\% + \text{Lucro}\,\%)]}$$

Em que:

- GV unit — no comércio, é praticamente por quanto a empresa compra a mercadoria que vai vender;[7]
- GV % — são os gastos que variam na proporção da receita, isto é, impostos sobre vendas, comissão, estimativa de inadimplência, descontos para vendas com cartão de crédito ou débito, entre outros;
- GF rateado — são os gastos estruturais que a empresa realiza, ou seja, despesas de vendas e administrativas. O rateio é necessário para que cada produto absorva parte dos gastos estruturais;

---

[7] Neste caso, deve ser levada em consideração a retirada dos impostos recuperáveis, principalmente o ICMS.

- Lucro % — o quanto de lucro o gestor deseja obter com aquele produto a partir de uma margem estimada em cima da receita;
- Quantidade — número de produtos que será vendido a partir de uma estimativa.

Nesta fórmula, calcula-se o custo unitário de cada produto (isso acontece com a absorção, por parte dos produtos, dos custos fixos estruturais a partir de um critério de rateio) e, em cima desses custos, ocorre a sobremarcação, denominada *mark-up*.

Pode ser formulado o exemplo a seguir.

A empresa Clic, percebendo que os consumidores ainda desejam revelar suas fotos, mesmo sendo digitais, cria um processo bastante enxuto de revelação. Em uma estrutura tipo quiosque, seu proprietário instala uma máquina de alta tecnologia, que revela fotos com alta definição em apenas 30 minutos, mediante o uso de um cartão de memória entregue pelo cliente.

Analisando a potencialidade do mercado, estimou-se a demanda de 3.000 revelações por mês e que poderia ser cobrada uma margem de 20% da receita como medida de lucratividade. Em média, cada revelação consistiria em 20 fotos. Os custos estimados são apresentados a seguir.

Custo por envelope com 20 fotos

Custo por foto	
Papel	0,0737
Químicos	0,0265
Perdas normais	0,0098
Total	0,11
Custo para 20 fotos	**2,20**

Custo por envelope para 20 fotos	
Envelope	0,12
Álbum para fotos	0,25
Sleever	0,05
Etiqueta numerada/outros	0,08
Custo por envelope	**0,50**

Custo de um envelope com 20 fotos	
Custo para 20 fotos	2,20
Custo por envelope	0,50
Total	**2,70**

Despesas variáveis como percentual da receita	
Impostos totais	17,00
Comissão de vendas	4,00
Aluguel shopping	8,00
Marketing	5,00
Descontos médios	1,50
Incidência ponderada de encargos:	
Venda com cartão de crédito	2,00
Venda com cartão de débito	1,50
Inadimplência para pagamentos com cheque	1,00
Total	**40,00**

Custo fixo mensal do quiosque ($)	
Loja (condomínio etc.)	2.000,00
Luz/água	100,00
Telefone	300,00
Papelaria	50,00
Contabilidade	250,00
Manutenção da loja	200,00
Materiais de limpeza	50,00
Seguros	300,00
Salários mais encargos	2.000,00
Pró-labore	4.000,00
IPTU	50,00
Manutenção máquinas	500,00
Leasing/depreciação	4.000,00
Diversos	300,00
Total	**14.100,00**

Aplicando a fórmula anteriormente descrita, o preço a ser cobrado será calculado, como demonstrado:

$$\text{Preço} = \frac{\text{CG unit} + \left[\dfrac{(\text{GF rateado})}{\text{Quantidade estimada}}\right]}{[1 - (\text{GV\%} + \text{Lucro \%})]}$$

$$\text{Preço} = \frac{2{,}70 + \dfrac{14.100{,}00}{3.000}}{[1 - (0{,}40 + 0{,}20)]}$$

$$\text{Preço} = \frac{2{,}70 + 4{,}70}{(1 - 0{,}60)} = \frac{7{,}40}{0{,}40} = \$18{,}50/\text{envelope com 20 fotos}$$

O denominador 0,40 é chamado *mark-up* divisor. É a mesma coisa que multiplicar $ 7,40 por 2,5 (*mark-up* multiplicador). Importante, neste caso, é não confundir *mark-up* com margem de lucro. Muitos gestores pensam que, quando se multiplica o custo unitário por 2,5, a margem de lucro é 150%; entretanto, este *mark-up* multiplicador representa a margem da empresa que será usada para pagar suas despesas e impostos e, ainda, gerar lucro.

Adaptações do modelo

Lucro fixado para cada produto

Muitas entidades não gostam de estimar lucro como percentual da receita, pois este não garante rentabilidade suficiente para a manutenção dos negócios, preferindo fixar o lucro por produto. Neste caso, a fórmula seria:

$$\text{Preço do produto} = \frac{\text{GV unit} + \left[\dfrac{\text{GF}_{\text{rateado}}}{\text{Quantidade}}\right]}{[1 - (\text{CV \%} - \text{Lucro \%})]} \qquad \frac{\text{GV unit} \left[\dfrac{\text{GF}_{\text{rateado}} + \text{Lucro}}{\text{Quantidade}}\right]}{(1 - \text{GV \%})}$$

No exemplo anterior, a empresa, em vez de desejar um lucro de 20% da receita, percebeu que, para o investimento do produto e os objetivos de lucratividade, o produto deveria ter lucro de $ 3.000,00 por mês. O preço a ser cobrado, aplicando-se a fórmula antes descrita, será calculado como demonstrado a seguir:

$$\text{Preço} = \frac{\text{GV unit} + \left(\dfrac{\text{GF rateado} + \text{Lucro}}{\text{Quantidade estimada}}\right)}{(1 - \text{GV\%})}$$

$$\text{Preço} = \frac{2{,}70 + \left(\dfrac{14.100{,}00 + 3.000{,}00}{3.000}\right)}{(1 - 0{,}40)}$$

$$\text{Preço} = \frac{2{,}70 + 5{,}70}{(1 - 0{,}40)} = \$14{,}00/\text{envelope com 20 fotos}$$

Modelos de preços a prazo

Muitos gestores têm dificuldade de formar preços a prazo por acharem que tal metodologia é simples de ser executada. Ao formar preços a partir de custos usando metodologias como aquelas vistas anteriormente, o gestor calcula o preço à vista. Entretanto, não basta aplicar os juros sobre o preço à vista para calcular o preço a prazo.

Para exemplificar, será considerado o preço à vista do exercício anterior ($ 14,00). Desse modo, a empresa apresenta a seguinte estrutura de resultado:

Cenário de cobrança de preço à vista

Quantidade	3.000	**Unitário**
Receita	42.000,00	14,00
(–) Gastos variáveis		
Em função da quantidade	8.100,00	2,70
Em função da receita	16.800,00	40,00%
= Margem de contribuição	17.100,00	
(–) Gastos fixos	14.100,00	
= Lucro operacional	3.000,00	

Percebe-se que, operacionalmente, o objetivo da empresa de alcançar lucro mensal de $ 3.000,00 está sendo atingido.

Supondo que, em uma negociação com o cliente, estabeleceu-se prazo de pagamento para 90 dias e admitindo-se que 2% a.m. deve ser a taxa de juros cobrada, conclui-se que a remuneração do dinheiro deve ser, a juros compostos, de 6,1208 % nos 90 dias (1,02 × 1,02 × 1,02).

Infelizmente, se esses juros forem aplicados de forma direta ao preço à vista (aumentando-o), haverá impacto direto nos custos variáveis em função da receita (impostos, comissão etc.). Por exemplo, se fosse aplicado diretamente, o preço a prazo seria $ 14,86, ou seja, $ 14,00 × 1,061208. Com isso, a empresa apresentaria os seguintes dados:

CENÁRIO DE PREÇO A PRAZO FEITO DE FORMA ERRADA

Quantidade	3.000	Unitário
Receita	44.580,00	14,86
(–) Gastos variáveis		
Em função da quantidade	8.100,00	2,70
Em função da receita	17.832,00	40,00%
= Margem de contribuição	18.648,00	
(–) Gastos fixos	14.100,00	
= Lucro operacional	4.548,00	
(–) Ganho financeiro	2.570,74	
Real lucro operacional	1.977,26	

É importante salientar que o "ganho financeiro" (6,1208% de $ 14,00 × 3.000 unidades = $ 2.570,74) está sendo reduzido para que o gestor analise o real impacto do preço a prazo. A aplicação deste deve, no mínimo, manter o mesmo lucro operacional anterior (no caso, $ 3.000,00), isto é, na prática o resultado financeiro é um ganho para a empresa, mas, para evidenciarmos melhor os seus efeitos, não deve ser considerado na concepção operacional.

Pode-se reparar que houve queda do real lucro operacional da empresa, pois o gestor não levou em consideração que qualquer acréscimo no preço, invariavelmente, aumenta os custos variáveis em função da receita. Para resolver o problema, o administrador deve considerar os custos financeiros na fórmula, como segue:

$$\text{Preço a prazo} = \frac{\text{GV unit} + \left(\dfrac{\text{GF rateado} + \text{Lucro}}{\text{Quantidade}}\right) + (\%\text{RF} \times \text{Preço à vista})}{(1 - \text{GV}\%)}$$

$$\text{Preço a prazo} = \frac{2{,}70 + \left(\dfrac{14.100{,}00 + 3.000{,}00}{3.000}\right) + (0{,}061208 \times 14{,}00)}{(1 - 0{,}40)}$$

$$\text{Preço a prazo} = \frac{2{,}70 + 5{,}70 + 0{,}856912}{0{,}6} = \$15{,}43 \text{ / envelope com 20 fotos}$$

Com isso, a empresa apresentaria os dados a seguir.

CENÁRIO DE PREÇO A PRAZO FEITO DE FORMA CERTA

Quantidade	3.000	**Unitário**
Receita	46.284,57	15,43
(–) Gastos fixos		
Em função da quantidade	8.100,00	2,70
Em função da receita	18.513,83	40,00%
= Margem de contribuição	19.670,74	
(–) Gastos fixos	14.100,00	
= Lucro operacional	5.570,74	
(–) Ganho financeiro	2.570,74	
= Real lucro operacional	3.000,00	

Formação de preços para a indústria

A atividade industrial é mais complexa que a comercial no que se refere ao seu processo operacional. Isso porque as empresas compram matérias-primas, transformam-nas em produtos, estocando tanto produtos semi-acabados quanto produtos já finalizados, e vendem. Assim, a fórmula para essa atividade pode ser definida como:

$$\text{Preço do produto} = \frac{\text{GV unit}\left(\dfrac{\text{GF}_{\text{rateado + identificado}}}{\text{Quantidade}}\right)}{[1-(\text{GV\%} + \text{Lucro\%})]}$$

A diferença deste modelo para os anteriores é a maior incidência dos custos fixos visto que, agora, além dos gastos fixos administrativos e de vendas, há gastos fixos no processo produtivo, o que não existia no comércio. Ambos devem ser rateados aos produtos. Além disso, surge, em muitos casos, a figura dos custos fixos identificados, ou seja, aqueles que existem em função de um produto ou linha de produtos e, com a retirada do produto ou linha, esses custos deixam de existir. Desse modo, estes não serão rateados e sim alocados diretamente aos produtos.

Mais uma vez percebe-se que, na fórmula, há primeiro o cálculo do custo unitário para, depois, ser aplicada a sobremarcação da técnica do *mark-up*.

Para exemplificar, a empresa Xadrez fabrica seis produtos (Peão, Cavalo, Bispo, Torre, Rainha e Rei), é constituída de um único departamento (para simplificação) e tem as seguintes características:

Produto	Quantidade	Custos variáveis unitários	
		Direto	Indireto
Peão	10.000	$ 100	$ 30
Cavalo	7.000	$ 300	$ 40
Bispo	6.500	$ 300	$ 40
Torre	4.000	$ 500	$ 60
Rainha	2.000	$ 500	$ 60
Rei	1.000	$ 800	$ 80

Os gastos fixos somam $ 7.000.000,00, compreendendo mão-de-obra indireta, depreciação, parcela administrativa e vendas, entre outros.

Para ser calculado o preço das mercadorias, é necessário encontrar o custo unitário de cada produto. Para isso, deve-se ratear os gastos fixos seguindo um critério que, para o exemplo, será em função das horas de mão-de-obra direta (hMOD), como apresentado a seguir.

Produto	Quantidade	Horas MOD	
		Por unidade	Total
Peão	10.000	4,0	40.000
Cavalo	7.000	6,0	42.000
Bispo	6.500	6,0	39.000
Torre	4.000	7,0	28.000
Rainha	2.000	7,0	14.000
Rei	1.000	7,0	7.000
Total de horas MOD			170.000

Desse modo, pode-se calcular a parcela dos custos fixos absorvida em cada produto:

Produto	Quantidade	Horas MOD		Custos e despesas fixos	
		Por unidade	Total	Total*	Por unidade**
Peão	10.000	4,0	40.000	1.647.058,82	164,71
Cavalo	7.000	6,0	42.000	1.729.411,76	247,06
Bispo	6.500	6,0	39.000	1.605.882,35	247,06
Torre	4.000	7,0	28.000	1.152.941,18	288,24

continua

Produto	Quantidade	Horas MOD		Custos e despesas fixos	
		Por unidade	Total	Total*	Por unidade**
Rainha	2.000	7,0	14.000	576.470,59	288,24
Rei	1.000	7,0	7.000	288.235,29	288,24
Total			170.000	7.000.000,00	

* O total de cada produto consiste em distribuir proporcionalmente os $ 7.000.000 pelas 170.000 horas.

** O valor unitário é o custo total dividido pela quantidade produzida de cada produto.

Com esses valores, o gestor está apto a mensurar o custo unitário dos produtos:

Produto	Custos variáveis unitários		Custos e despesas fixos unitários	Gasto unitário total
	Direto	Indireto		
Peão	$ 100	$ 30	$ 164,71	294,71
Cavalo	$ 300	$ 40	$ 247,06	587,06
Bispo	$ 300	$ 40	$ 247,06	587,06
Torre	$ 500	$ 60	$ 288,24	848,24
Rainha	$ 500	$ 60	$ 288,24	848,24
Rei	$ 800	$ 80	$ 288,24	1.168,24

Como cada produto tem estratégias e percepções distintas, a empresa trabalha com uma planilha para apurar o preço de venda a partir de custos, a saber:

- peão — é um produto com o qual a empresa espera ganhar no giro e, portanto, deve ter margem de lucro menor do que os demais;
- cavalo e bispo — são produtos sobre os quais a empresa tem um giro um pouco menor do que o Peão, mas pelos quais obtém um prêmio maior;
- torre — comercialmente, é um produto mediano, visto que não possui a rotatividade dos anteriores, nem a margem dos posteriores. Teoricamente, é um produto com o qual o vendedor não gosta de trabalhar e, por isso, serão praticadas comissões mais atrativas ou metas preestabelecidas de vendas;

- rainha — é um produto perigoso, principalmente se o gestor tem visão limitada do negócio. Isso porque, por apresentar pequena rotatividade e baixa margem de lucro, ele alavanca a venda dos outros produtos da carteira e atrai o cliente a entrar na loja;
- rei — é o produto prêmio e, portanto, o de maior margem de lucro.

Segue a descrição:

Descrição	Produto (%)					
	Peão	Cavalo	Bispo	Torre	Rainha	Rei
Impostos	15	15	15	15	15	15
Comissão	10	10	10	15	10	10
Lucro almejado	5	7	8	10	5	25
Total	30	32	33	40	30	50
Mark-up divisor	**70**	**68**	**67**	**60**	**70**	**50**

Calculando o preço, obtêm-se estes dados:

Produto	Custo unitário total	*Mark-up*		Preço de venda
		Divisor	Multiplicador	
Peão	294,71	0,70	1,4286	421,01
Cavalo	587,06	0,68	1,4706	863,32
Bispo	587,06	0,67	1,4925	876,21
Torre	848,24	0,60	1,6667	1.413,73
Rainha	848,24	0,70	1,4286	1.211,76
Rei	1.168,24	0,50	2,0000	2.336,47

Formação de preços para serviços

A atividade de serviços talvez seja a mais complexa no que diz respeito à formação de preços. Isso acontece porque o gestor não possui a definição clara do seu produto. No comércio, o produto é exatamente aquele que você compra. Na indústria, há transformação, mas o produto é relativamente padronizado.

Entretanto, em serviços não se vendem produtos, mas atividades. A combinação de diversas atividades é que forma o produto a ser vendido.

Para precificar, a empresa deve padronizar as atividades a serem executadas de forma que cada produto será composto por um conjunto de atividades. Por isso, na fórmula calcula-se o preço homem/hora, executada por cada atividade, como segue:

$$\text{Preço homem-hora de alguma atividade} = \frac{\text{GV unit} + \left(\dfrac{\text{GF rateado + identificado}}{\text{Quantidade de horas}}\right)}{[1 - (\text{GV}\% + \text{Lucro}\%)]}$$

Contratar um funcionário significa ter a sua disposição uma quantidade de hora/homem que poderá ou não ser alocada em serviços prestados. Essas organizações, ao contrário da indústria e do comércio, não conseguem, nem podem, estocar seus serviços. Ou seja, quando as horas disponíveis são maiores do que aquelas alocadas para clientes, a empresa não recupera os gastos realizados com pessoal ou não "estoca" para o mês seguinte.

Além disso, o custo variável unitário, para serviços, é menos significante na maioria das atividades do que na indústria e no comércio. Apesar de continuar na fórmula, normalmente, em empresas de serviços, os custos variáveis unitários são estimados por cliente e não por hora/homem (a não ser que a empresa, para simplificar, deseje estimar uma média).

Para exemplificar, a empresa WZM presta serviços de consultoria. Para se determinar o custo do serviço por hora/homem, é necessário determinar o valor por hora de cada atividade. Nesse caso, aplica-se a carga horária por ano sobre o salário mais encargos, anual. No exemplo, serão atribuídos os seguintes:

Departamentos pessoal e profissional	Salário + encargos (Anual)	Carga horária (Anual)	Custo hora/homem
Pessoal de Finanças	110.000,00	1.540	71,4286
Pessoal de Estratégia	100.000,00	1.540	64,9351
Pessoal de Qualidade e RH	170.000,00	1.540	162,3377
Pessoal de TI	250.000,00	1.540	110,3896
Pessoal de Marketing	180.000,00	1.540	116,8831
TOTAL	**810.000,00**	7.700	

Foram estabelecidas 35 horas por semana × quatro semanas × 11 meses como carga horária por ano para cada equipe.

Já os gastos com as atividades administrativas e comerciais podem ser assim descritos:

Esforço comercial e administrativo

Despesas operacionais	Valor anual
Depreciação	20.000,00
Pró-labore do Sócio 2 – Administrativo	60.000,00
Folha de pagamento administrativa	70.000,00
Despesas administrativas	110.000,00
Manutenção da informática e telefone	50.000,00
Despesas comerciais	30.000,00
Treinamento e materiais de pesquisa	70.000,00
Total	**410.000,00**
Carga horária total anual	**7.700**
Gastos indiretos por hora	**53,25**

Para se determinar a despesa unitária dos serviços, é necessário ratear as despesas operacionais pelo estoque de hora/homem existente. No exemplo, estipulou-se que a atividade comercial e administrativa está disponível para todas as atividades profissionais de forma igualitária. Assim, como as atividades profissionais consomem no total 7.700 horas anuais, então cada atividade absorverá $ 53,25 por hora.

Apresentamos a seguir os impostos e outros itens incidentes sobre a receita.

Impostos	
ISS	5,00%
Cofins	3,00%
PIS	0,65%
IRPJ	4,80%
CSSL	2,88%
CPMF	0,38%
Inadimplência	5,00%
Lucro almejado	10,00%
Total	**31,71%**
Mark-up divisor	68,29 %
***Mark-up* multiplicador**	**1,4643**

Com base nos elementos apresentados até aqui, pode-se aplicar o *mark-up* e definir o preço final de venda para cada homem/hora alocado em prestação de serviços:

Profissional	Custo hora/homem	Gasto indireto por hora	Custo hora/homem total
Pessoal de Finanças	71,4286	53,2468	124,6753
Pessoal de Estratégia	64,9351	53,2468	118,1818
Pessoal de Qualidade e RH	162,3377	53,2468	215,5844
Pessoal de TI	110,3896	53,2468	163,6364
Pessoal de Marketing	116,8831	53,2468	170,1299

Assim, quando o preço for calculado, um dos fatores essenciais é calcular o montante necessário para realizar o serviço pelo qual a empresa foi contratada. Estimar essas horas a serem trabalhadas talvez seja a etapa mais difícil porque requer experiência, uma grande sensibilidade e uma precisa avaliação da sistemática necessária. Os pilares de serviços estão apoiados em moldar diversos produtos a partir de inúmeras atividades e sua precificação depende diretamente de quantas horas e de quais atividades são necessárias, como pode ser visto nos exemplos a seguir.

Cliente 1	Mão-de-obra necessária p/ mês	Custo hora/homem	Total
Pessoal de Finanças	5 horas	124,6753	623,38
Pessoal de Estratégia	4 horas	118,1818	472,73
Pessoal de Qualidade e RH	6 horas	215,5844	1.293,51
Pessoal de TI	2 horas	163,6364	327,27
Pessoal de Marketing	4 horas	170,1299	680,52
Custos variáveis identificados por mês ao Cliente 1			1.000,00
Custo total dos serviços		$ 4.397,40/mês	
Mark-up		1,4643	
Preço a ser cobrado		**$ 6.439,12/mês**	

Cliente 2	Mão-de-obra necessária p/ mês	Custo hora/homem	Total
Pessoal de Finanças	7 horas	124,6753	872,73
Pessoal de Estratégia	6 horas	118,1818	709,09
Pessoal de Qualidade e RH	9 horas	215,5844	1.940,26
Pessoal de TI	4 horas	163,6364	654,55
Pessoal de Marketing	3 horas	170,1299	510,39
Custos variáveis identificados por mês ao Cliente 2			1.200,00
Custo total dos serviços		$ 5.887,01/mês	
Mark-up		1,4643	
Preço a ser cobrado		**$ 8.620,35/mês**	

Modelos e decisões de preços na ótica de curto prazo

As fórmulas apresentadas anteriormente definem a lógica existente para a formação de preços baseada em custos sob o aspecto de longo prazo. Porém, em curto prazo, uma série de considerações deve ser avaliada e os próximos dois exemplos serão usados para ilustrar isso. A empresa Anotação Ltda. produz canetas e, em 31-12-20x5 apresentou o seguinte resultado:

Demonstração de resultados para o ano de 20x5 pelo modelo absorção		
Unidades	4.000.000	Unitário
Vendas	20.000.000	5,00
(–) Custos das mercadorias vendidas	13.000.000	3,25
Lucro bruto ou margem bruta	7.000.000	1,75
(–) Despesas de vendas e administrativas	5.000.000	1,25
Lucro operacional	2.000.000	0,50

Percebe-se que o gasto unitário total do produto é $ 4,50 ($ 3,25 + $ 1,25).

Modelo de curto prazo — propostas de preços partindo do consumidor — aceitar ou rejeitar

Perto do fim do ano, a Rabisca Certo Ltda. havia solicitado o preço para uma encomenda especial de 200.000 canetas para fins promocionais, durante o ano de 20x6. A encomenda exigia que o prendedor da caneta tivesse o emblema da Rabisca Certo. O custo desse prendedor, na fabricação, está orçado em $ 0,40 por caneta.

A Rabisca Certo fez a proposta de pagar $ 3,50 por caneta, perfazendo, assim, para as 200.000 canetas, um total de $ 700.000,00 por conta da proposta e, como a oferta veio diretamente da Rabisca Certo, a Anotação não terá os custos relacionados à comissão de vendas.

Para poder realizar a gestão dessa proposta, o administrador não pode cair na tentação de pensar de forma unitária. Haverá, provavelmente, o seguinte pensamento "Se houver aceitação da proposta, minha empresa incorrerá em prejuízo", já que:

Custo unitário da caneta = $ 18.000.000 / $ 4.000.000		$ 4,50 por caneta
+ Custo adicional (emblema)		$ 0,40 por caneta
(–) Economia pelo não-pagamento da comissão		$ 0,25 por caneta
(=) Custo unitário total para a proposta da Rabisca Certo		**$ 4,65 por caneta**
Proposta da Rabisca Certo	*vs*	**$ 3,50 por caneta**

Entretanto, essa comparação é errada. O primeiro método utilizado para a tomada de decisão do gestor não informa como os custos realmente se comportam, podendo induzir a que não se faça negócio por um preço inferior a $ 4,65.

O gestor deve pensar que a proposta da Rabisca Certo agrega uma receita adicional de $ 700.000,00. Esse resultado deve ser comparado com os custos adicionais de se aceitar essa proposta.

Os custos adicionais são, naturalmente, aqueles variáveis, podendo, ainda, apresentar adicionais de custos fixos, desde que a empresa não possua capacidade ociosa (assim, terá de contratar mão-de-obra extra, alugar alguma máquina, ter maiores gastos com logística, entre outros).

Então, a primeira coisa que o gestor deve fazer é reestruturar as informações disponíveis para saber quais são os custos variáveis e quais os custos fixos, como descrito a seguir.

Os custos fixos de fabricação da empresa eram de $ 4 milhões e as despesas fixas eram de $ 3 milhões. As comissões de vendas, de 5% da receita, fazem parte das despesas de vendas e das administrativas e o restante das despesas variáveis diz respeito a encargos de transporte. A Anotação Ltda. tem capacidade instalada para uma produção de 2.500.000 canetas. Portanto, a empresa está trabalhando com alguma capacidade ociosa.

DEMONSTRAÇÃO DE RESULTADOS PARA O ANO DE 20X5

	Total	Unitário
Quantidade	4.000.000	
Vendas	$ 20.000.000	$ 5,00
(–) Gastos variáveis:		
Produção	$ 9.000.000	$ 2,25
Vendas e administrativas		
Comissão	$ 1.000.000	$ 0,25
Frete	$ 1.000.000	$ 0,25
= Margem de contribuição	$ 9.000.000	$ 2,25
(–) Gastos fixos:		
Produção	$ 4.000.000	
Vendas e administrativas	$ 3.000.000	
= Lucro operacional	$ 2.000.000	

Como o custo total de produção é de $ 13 milhões e o custo fixo de produção é de $ 4 milhões, logo o custo variável de produção é de $ 9 milhões. Da mesma forma, as despesas totais de vendas e administrativas são de $ 5 milhões e a despesa fixa de vendas e administrativas de $ 3 milhões, logo as despesas variáveis de vendas e administrativas são de $ 2 milhões.

Desses $ 2 milhões de despesas variáveis de vendas e administrativas, há a comissão de vendas no valor de 5% do faturamento, ou seja, $ 1 milhão e o restante perfaz o valor do frete, ou seja, $ 1 milhão.

Com base nas informações apresentadas anteriormente, pode-se calcular os custos adicionais relativos à proposta da Rabisca Certo, como segue:

Produção	$ 2,25 + $ 0,40	=	$ 2,65
Administração e vendas – comissão			-x-
Administração e vendas – frete	$ 0,25	=	$ 0,25
Gastos variáveis por caneta			$ 2,90

Não há adicional de gastos fixos porque há capacidade ociosa.

Como o preço oferecido foi de $ 3,50, por caneta, a empresa ganhará $ 0,60 por unidade de margem de contribuição ($ 3,50 – $ 2,90), obtendo $ 120.000 de aumento de lucro ($ 0,60 × 200.000 unidades). Assim, o resultado da empresa será:

	Cenário atual		Proposta adicional		Total
Quantidade	4.000.000	Unitário	200.000	Unitário	**4.200.000**
Receita	20.000.000,00	5,00	700.000,00	3,50	**20.700.000,00**
(–) Custos variáveis					
Produção	9.000.000,00	2,25	450.000,00	2,25	**9.450.000,00**
Prendedor extra			80.000,00	0,40	**80.000,00**
(–) Despesas variáveis					
Comissão	1.000.000,00	0,25	-x-		**1.000.000,00**
Frete	1.000.000,00	0,25	50.000,00	0,25	**1.050.000,00**

continua

	Cenário atual		Proposta adicional		Total
= Margem de contribuição	9.000.000,00	2,25	120.000,00	0,60	**9.120.000,00**
(–) Custos fixos	4.000.000,00				**4.000.000,00**
(–) Despesas fixas	3.000.000,00				**3.000.000,00**
= Lucro operacional	2.000.000,00		120.000,00		**2.120.000,00**

É importante ressaltar que tal metodologia não deve ser usada para vender produtos que canibalizem o *mix* de produtos do cenário inicial. A empresa só pode aceitar a proposta da Rabisca Certo porque, antes, foram vendidos 4 milhões de unidades pelo preço de $ 5,00. Desse modo, o gestor, caso queira realizar o intento demonstrado, deve saber posicionar seu produto em outro segmento ou mercado para que obtenha os benefícios de ambas as alternativas.

Modelo de curto prazo — participação em concorrências

Vamos supor que, ao invés de oferecer um preço para comprar as 200.000 unidades, a Rabisca Certo chame a Anotação Ltda. para entrar em uma concorrência, com as mesmas variáveis do item anterior (não há comissão de vendas e há prendedor especial de $ 0,40 por unidade).

De acordo do presidente da Anotação Ltda., a encomenda seria o momento oportuno de alavancar o lucro em 10% (ou $ 200.000).

Nesse caso, a empresa irá calcular o preço da proposta. Reparem que nessa visão de curto prazo serão aplicados os mesmos conceitos da visão anterior, ou seja, será mensurado o preço apenas dessa proposta. Como os custos fixos não se modificaram com a encomenda, a margem de contribuição com a operação da Rabisca Certo será igual ao lucro incremental de $ 200.000. Portanto, a receita a ser obtida com a venda das 200.000 canetas deverá ser:

Receita – custos e despesas variáveis = margem de contribuição

Margem de contribuição almejada		$ 200.000
Custos variáveis produção	$ 2,25/caneta x 200.000 canetas	$ 450.000
Custos variáveis prendedor especial	$ 0,40/caneta x 200.000 canetas	$ 80.000
Despesas variáveis administração e vendas	$ 0,25/caneta x 200.000 canetas	$ 50.000
Receita total a ser alcançada		**$ 780.000**

Preço = $ 780.000/200.000 unidades = $ 3,90 por unidade

	Cenário atual		Caso ganhe a concorrência		Total
Quantidade	4.000.000	Unitário	200.000	Unitário	**4.200.000**
Receita	20.000.000,00	5,00	780.000,00	3,90	**20.780.000,00**
(–)Custos variáveis					
Produção	9.000.000,00	2,25	450.000,00	2,25	**9.450.000,00**
Prendedor extra			80.000,00	0,40	**80.000,00**
(–)Despesas variáveis					
Comissão	1.000.000,00	0,25	-x-		**1.000.000,00**
Frete	1.000.000,00	0,25	50.000,00	0,25	**1.050.000,00**
= Margem de contribuição	9.000.000,00	2,25	200.000,00	1,00	**9.200.000,00**
(–) Custos fixos	4.000.000,00				**4.000.000,00**
(–) Despesas fixas	3.000.000,00				**3.000.000,00**
= Lucro operacional	2.000.000,00		200.000,00		**2.200.000,00**

Questões tributárias

Os valores dos tributos variam de acordo com o tipo de empresa e o seu segmento. De qualquer forma, podem ser descritos os mais comuns.[8]

- Imposto e contribuições sobre as vendas: sua existência diz respeito à geração da receita e, por isso, variam conforme o seu montante. São os seguintes: ISS,[9] Cofins,[10] PIS,[11]

[8] Existe uma série de outros impostos mais específicos, como o imposto de importação.
[9] ISS — imposto sobre serviços de qualquer natureza — é um imposto municipal e varia de acordo com cada município.
[10] Cofins — contribuição para o financiamento de seguridade social.
[11] PIS — Programa de Integração Social.

IPI[12] e ICMS.[13] Percebe-se que esses impostos se enquadram dentro dos custos variáveis conforme a receita.

- Imposto de renda (IR) e contribuição social sobre o lucro (CSSL): de forma resumida, as empresas[14] possuem praticamente duas formas de determinar esses impostos – pelo lucro real ou pelo lucro presumido. No lucro real, a empresa mensura seu lucro para fins tributários e, com base neste, calcula o montante de IR e CSSL a ser pago. Já na apuração presumida, o governo julga qual será o lucro da empresa com base na receita e, em cima desse valor presumido, a empresa calcula o total de IR e CSSL a ser pago. Percebam que em ambos os casos o IR e a CSSL são variáveis, mas, no segundo caso, o IR e a CSSL estão em função da receita.
- Empresas que se enquadram no Simples: o Sistema Integrado de Pagamento de Impostos e Contribuições das Microempresas e Empresas de Pequeno Porte é aplicável às pessoas jurídicas consideradas microempresas (aquelas com receita bruta anual igual ou inferior a R$ 240 mil) e empresas de pequeno porte (aquelas com receita bruta anual superior a R$ 240 mil e igual ou inferior a R$ 2,4 milhões).[15] No Simples, os impostos federais PIS, Cofins, IRPJ e CSSL são substituídos por um imposto único, dependendo do faturamento da empresa, conforme demonstrado a seguir.

---

[12] IPI — imposto sobre produtos industrializados.

[13] ICMS — imposto sobre circulação de mercadorias.

[14] Exceto aquelas enquadradas no Simples.

[15] Existem parâmetros e limites fora dos quais não é possível usufruir do sistema.

Faturamento	Alíquota (%)
Até $ 60.000	3,00
De $ 60.001 a $ 90.000	4,00
De $ 90.001 a $ 120.000	5,00
De $ 120.001 a $ 240.000	5,40
De $ 240.001 a $ 360.000	5,80
De $ 360.001 a $ 480.000	6,20
De $ 480.001 a $ 600.000	6,60
De $ 600.001 a $ 720.000	7,00
De $ 720.001 a $ 840.000	7,40
De $ 840.001 a $ 960.000	7,80
De $ 960.001 a $ 1.080.000	8,20
De $ 1.080.001 a $ 1.200.000	8,60

Analisando tudo, e dependendo do tipo de imposto, podem ser elaboradas as fórmulas que se seguem.

- Primeiro caso: o lucro é um percentual da receita, todos os impostos variam conforme a receita e o IR e a CSSL são apurados sobre lucro presumido ou a empresa se enquadra no Simples.

$$\text{Preço do produto} = \frac{\text{GV unit} + \left(\dfrac{\text{GF rateado}}{\text{Quantidade}}\right)}{[1 - (\text{GV \%} + \text{Lucro \%})]}$$

Todos os impostos irão enquadrar-se dentro da variável custo variável como função percentual da receita (CV %).

- Segundo caso: o lucro é um percentual da receita, todos os impostos variam conforme a receita, exceto o IR e a CSSL, que são apurados sobre lucro real.

$$\text{Preço do produto} = \frac{\left[\text{GV unit} + \dfrac{\text{GF rateado}}{\text{Quantidade}}\right]}{\left[1 - \text{GV\%} - \left(\dfrac{\text{Lucro\%}}{[1 - \text{\%IR} + \text{\%CSSL}]}\right)\right]}$$

Todos os impostos irão enquadrar-se dentro da variável custo variável como função percentual da receita (CV %), exceto o IR e a CSSL, que estão em função do lucro da entidade.

- Terceiro caso: o lucro é fixado, todos os impostos variam conforme a receita e o IR e a CSSL são apurados sobre lucro presumido.

$$\text{Preço do produto} = \frac{\text{GV unit} + \left(\dfrac{\text{GF rateado} + \text{Lucro}}{\text{Quantidade}} \right)}{(1 - \text{GV}\,\%)}$$

Todos os impostos irão enquadrar-se dentro da variável custo variável como função percentual da receita (CV %).

- Quarto caso: o lucro é fixado, todos os impostos variam conforme a receita, exceto o IR e a CSSL, que são apurados sobre lucro real.

$$\text{Preço do produto} = \frac{\text{GV unit} + \left\{ \dfrac{\text{GF rateado} + \dfrac{\text{Lucro}}{(1 - \%\,\text{IR} - \%\,\text{CSSL})}}{\text{Quantidade}} \right\}}{(1 - \text{GV}\,\%)}$$

Todos os impostos irão enquadrar-se dentro da variável custo variável como função percentual da receita (CV %). O IR e a CSSL estão em função do lucro da entidade.

Considerações sobre a formação de preços baseada em custos

De maneira simplificada, preço é a expressão do valor de um produto ou serviço, podendo ser definido como o valor monetário necessário para a aquisição de determinada mercadoria ou serviço e, portanto, possui duas abordagens distintas.

Para a empresa, preço é a quantidade de dinheiro que ela está disposta a aceitar como permuta dos bens ou serviços. Para os consumidores, preço é algo que eles estão dispostos a pagar em troca de um bem ou serviço.

Como visto, a maior parte dos gestores acaba centrando-se apenas nas necessidades empresariais de obtenção de lucro. Entretanto, é necessário saber a diferença entre fixação de preço e apreçamento estratégico. No primeiro, calcula-se apenas um valor matemático para dar números aos bens e serviços que serão vendidos. É um cálculo exato, uma expressão monetária. No segundo, a empresa tem condições de melhor administrar e coordenar as variáveis mercadológicas e direcionar seu empreendimento para se posicionar de forma lucrativa e permanente no mercado. É um modelo menos quantitativo e mais qualitativo, menos exato, mas em consonância com a realidade.

O modelo de formação de preços baseado em custos é mais apreciado pelo gestor por uma série de fatores, principalmente por o preço estar sob seu controle, já que ele definirá um preço que irá gerar lucro para empresa, ser prático para ser aplicado imediatamente, simples, por considerar apenas variáveis internas da empresa e tangível, o suficiente, para ser facilmente gerenciável.

É muito comum encontrar publicações que comentam coisas como a existência de "uma fórmula básica em que o preço de venda é calculado. Para isso, levam-se em conta fatores como o custo unitário do produto, os custos fixos, os variáveis e o lucro desejado pelo empresário".[16] Entretanto, a prática mercadológica torna tudo mais complexo.

Além disso, o lucro ainda é o objetivo final da entidade. Não que isso seja errado mas, quando se coloca a lucratividade

---

[16] Cássia, 2006:27.

como um objetivo, a fórmula (custos + lucro = preço) passa a ser considerada lógica. É como se o lucro passasse a ser um direito adquirido ao se abrir algum negócio. Ou seja, percebe-se que a formação de preços baseada em custos passa a ser uma atitude natural, fazendo com que haja limitação gerencial. É quando o gestor passa a ver os produtos individualmente e não o negócio como um todo.

É claro que a lucratividade garante a continuidade da organização e a cobertura dos custos está intimamente ligada a sua sobrevivência. No entanto, quando os gestores almejam o lucro como objetivo do negócio e não como resultado das operações condizentes com a transmissão de valor, acabam cometendo erros como:[17] ênfase exageradamente orientada por custos, falta de revisão mais freqüente para aproveitar oportunidades de mercado, incoerência entre preço e os demais elementos do composto de marketing e não estabelecimento de preços suficientemente diferentes para diversos tipos de produto e segmentos de mercado.

Na prática, a formação de preços baseada em custos deve ser considerada. Todavia, apenas essa metodologia faz com que haja perda de gestão no que diz respeito a quatro variáveis: a definição da quantidade a ser vendida, o critério de rateio estabelecido, a lucratividade de cada produto e a diferença entre custo e valor.

Definição da quantidade a ser vendida

Na fórmula apresentada, deve-se definir a quantidade de produtos a ser comercializada ou de horas/homem que será vendida. Entretanto, na prática, essa definição é bastante subjetiva,

[17] Kotler, 2000:54.

devido à intensa dinâmica mercadológica. Por mais que exista pesquisa de mercado, conhecimento do mercado, projeções de cenários econômicos e qualquer outra forma de tentar antecipar tendências, haverá sempre o risco de errar a quantidade e, conseqüentemente, a lucratividade do empreendimento.

Critério de rateio estabelecido

Outra questão crítica para o modelo de formação de preços baseado em custos consiste em que sua precificação está intimamente ligada ao próprio sistema de custeio da empresa. As empresas têm dois custos: variável, aquele que pertence ao produto, e fixo, aquele que está correlacionado com a estrutura e, portanto, deve ser rateado aos produtos.

Partindo dessa lógica, se, por exemplo, uma empresa resolve adicionar um novo produto e isso não impacta aumento nenhum dos custos fixos por existir ociosidade na empresa, então o preço de todos os outros produtos existentes deveria cair.

Em outras palavras, se existe mais um produto na linha de produção e não há custos maiores da estrutura, significa que parte dos custos, antes rateados para X produtos, passa a ser rateada por (X + 1), o que, pela lógica da formação de preços baseada em custos, fará com que *todos* os produtos que compõem o X fiquem mais baratos. Tecnicamente, essa matemática está coerente, mas nenhuma empresa implementará tal dinâmica.

O inverso também é verdadeiro, como podemos exemplificar.

Digamos que uma empresa tenha quatro produtos, A, B, C e D, e seus custos totais (que somam $ 50.000) sejam divididos de maneira igual aos produtos, ou seja, cada um receba $ 12.500 ($ 50.000 dividido por 4). Vamos imaginar que o produto D deixe de ser comercializado. Assim, contabilmente, cada produto passa a receber $ 16.667 ($ 50.000 dividido por 3). Pela lógica de custos, isso está certo, mas gerencialmente não faz sentido aumentar o custo dos produtos que continuam a ser produzidos, e conseqüentemente seus preços, por causa da ociosidade gerada pelo produto D.

Lucratividade de cada produto

Outra crítica à formação de preços baseada em custo refere-se ao gerenciamento de *mix* dos bens e serviços vendidos. Um gestor não precifica produtos, mas todo um emaranhado de produtos que interagem entre si, tanto de produto para produto como dependendo do canal de venda.

Quando pensamos dessa forma, percebemos que quem tem de gerar lucro é a empresa, ou seja, o somatório de todos os produtos deve gerar margem de contribuição suficiente para que a empresa pague seus gastos fixos e, ainda, gere remuneração adequada.

Individualmente, nem todos os produtos devem gerar lucro, como a fórmula indica. Daqui se podem extrair algumas exemplificações.

Sinergia entre os produtos

Independentemente da questão financeira, as empresas deveriam ter a sensibilidade de saber que a oferta de um produto interfere na demanda de outro (em muitos casos, de maneira consideravelmente relevante).

Muitas empresas possuem carteira de produtos que só serão vendidos se outros também o forem. Os gestores sabem que apenas alguns produtos são levados em consideração para a escolha de um supermercado (hortifrutigranjeiro, carne, arroz, feijão) ou padaria (pão).

A partir da precificação desses produtos gerando lucro reduzido, ou até mesmo prejuízo, cria-se atratividade suficiente para que o cliente vá ao local, aumentando o consumo de outros produtos, estes sim, lucrativos. O marketing intitula isso de *produto isca*, visto que a empresa objetiva a venda de todos os produtos e a lucratividade deles como um todo.

Questões estratégicas

A fórmula considera a lucratividade dos produtos como algo válido. Entretanto, estrategicamente falando, alguns produtos podem e serão usados como forma de garantir participação de mercado e posicionamento da marca, entre outros.

Um exemplo consiste na entrada do jornal *Valor Econômico* no mercado. Nos primeiros meses de vida, a empresa implantou a seguinte promoção: se o cliente assinasse o jornal durante um ano, ganhava um celular Samsung Slim (posteriormente, trabalhou-se com a caneta Mont Blanc e, depois, com o Palmtop). Sua estratégia consistia em trabalhar com duas formas de obtenção de receita. Na primeira, a empresa entendia que deveria criar um estímulo para que os clientes, já atendidos pela *Gazeta Mercantil*, *Estado de S. Paulo* e *Folha de S. Paulo*, experimentassem o novo produto. Como preço baixo não iria estimular consumidores que não são sensíveis a preço, decidiu-se conceder prêmios suficientemente atraentes que os seduzissem.

Obviamente isso gerou prejuízos, mas garantiu a entrada do jornal no mercado, bem como possibilitou maximizar o poder de barganha do jornal para com seus patrocinadores pelo número de tiragens.

Custos fixos

Vamos supor que uma empresa tenha quatro produtos (Tata, Tete, Titi e Toto) e adote o *mark-up* para formar o preço de seus produtos. O custo unitário é calculado da seguinte maneira: custos variáveis somados a custos fixos rateados a todos os produtos.[18] O índice utilizado é o *mark-up* multiplicador de 2,5 ou *mark-up* divisor de 0,4, visto que a empresa apresenta os seguintes itens calculados sobre a receita:

Itens sobre a receita	% sobre a receita
Impostos	20
Comissão de vendas	5
Despesas gerais	21
Frete	4
Lucro almejado	10
Total	**60**
***Mark-up* divisor**	**(1 – 0,6) = 0,4**
***Mark-up* multiplicador**	**1 / 0,4 = 2,5**

Assim, os preços dos produtos são calculados a partir do custo unitário multiplicado por 2,5 (ou dividido por 0,4). Todos os produtos são vendidos com a margem de lucro de 10%; entretanto, o produto Toto não está sendo comercializado por não ter preço competitivo. Sua precificação é feita da seguinte forma:

	Descrição		Valor unitário
	Custos variáveis		$ 40,00
+	Custos fixos rateados		$ 50,00
=	Custo unitário		$ 90,00
×	*Mark-up* para lucro zero*	2,0	
=	**Preço**		**$ 180,00**

* Para isso, serão considerados apenas impostos (20%), comissão de vendas (5%), despesas gerais (21%) e frete (4%), ou seja, 50% da receita. Assim, o *mark-up* divisor será 0,50 e o multiplicador 2,0.

[18] Essas considerações são para simplificar o exemplo.

Percebe-se que a empresa está abdicando da margem de lucro de 10% (por isso o *mark-up* multiplicador passa a ser 2,0) e, mesmo assim, seu preço está muito acima do praticado pela concorrência (em média $ 140,00), impossibilitando sua venda.

A empresa encontra-se próxima ao ponto de equilíbrio, isto é, seu lucro é praticamente zero, há ociosidade, e a demanda do produto Toto está estimada em 1 milhão de unidades por ano.

A partir desse exemplo, muitos gestores passariam a focar no preço e na rentabilidade, ou seja, se o produto Toto não consegue ter preço competitivo mesmo com margem zero de lucro, conseqüentemente deve ser expurgado do portfólio de produtos.

Em uma análise mais gerencial, percebe-se que há uma incoerência no fato de os três produtos gerarem lucro, mas o ganho da empresa ser nulo. Isso ocorre porque o lucro dos três produtos "paga" o custo fixo rateado ao produto Toto, visto que esse custo ocorre independentemente da venda ou não do produto Toto.

Se a empresa vender Toto por $ 180,00, seu lucro será zero. Se vender por $ 140,00 terá prejuízo com a sua venda:

	Descrição	Valor Unitário
	Preço	$ 140,00
÷	*Mark-up*	2,00
=	Margem	$ 70,00
–	Custos variáveis	$ 40,00
=	Margem de contribuição	$ 30,00
–	Custos fixos rateados	$ 50,00
=	Resultado	($ 20,00)

Entretanto, apesar de o produto Toto vendido ao preço de $ 140,00 ser realmente deficitário, deve-se estar atento aos custos fixos para a tomada de decisão, porque a maior parte desses custos é considerada custos afundados, ou seja, eles ocorrem independentemente da venda do produto e não são economizáveis, porque já ocorreram.

Ou seja, *um produto deficitário pode aumentar o lucro de uma empresa*, a partir do pressuposto de que, se a empresa não vender o produto Toto, incorrerá em prejuízo de $ 50,00 por unidade, já que custos fixos existem independentemente de sua venda. Se vender o produto Toto, incorrerá em prejuízo de $ 20,00 por unidade.

Em outras palavras, se a venda do produto Toto não ocorrer, a parcela de $ 50,00 por unidade dos custos fixos rateados a ele continuará existindo, devendo, então, ser rateada aos outros produtos. Caso a venda de Toto ocorra, este conseguirá angariar $ 30,00 por unidade (margem de contribuição). Considerando-se a sua demanda, representa $ 30 milhões a mais de contribuição para a empresa. Como os custos fixos continuam os mesmos, independentemente da venda de Toto, então esse valor representa o aumento de lucro com a venda do produto.

Assim, percebe-se que alguns produtos existem para simplesmente ajudar a empresa a pagar os seus custos fixos. É como se tivessem o objetivo de "aliviar" outros produtos nessa questão.

Diferença entre custo e valor

Por fim, uma das últimas críticas ao modelo de formação de preços baseada em custos é a percepção de que precificar não é uma ciência exata. Isso acontece porque há fatores humanos envolvidos e estes estão sujeitos a interpretações psicológicas e percepções emocionais.

A formação de preços baseada em custos deduz que apenas variáveis internas à empresa influenciam a precificação. Além disso, os consumidores não estão interessados em comprar apenas mercadorias que sejam as mais baratas. Dependendo do tipo de produto, marca e percepção de valor, produtos mais caros terão demandas superiores aos de menor valor.

Segundo informações da Associação Nacional dos Fabricantes de Veículos Automotores (Anfavea) e do site Carsale,[19] no primeiro semestre de 2006 foram vendidos automóveis populares nos valores mostrados a seguir.

Veículo	Unidades vendidas	Preço médio
Fiat Uno 1.0	59.658	$ 22.250,00
Palio 1.0	56.216	$ 24.090,00
Celta 1.0	51.489	$ 24.490,00
Gol 1.0	76.942	$ 25.300,00

Esses números provam que o preço é uma variável bastante importante na tomada de decisão, mas não é a única, senão o Fiat Uno seria o carro mais vendido. Mesmo 13% mais caro, o Gol consegue um volume 29% superior a ele. Assim, uma empresa que foca apenas no lucro e esquece de trabalhar de maneira eficiente os diferentes atributos perderá vantagem competitiva.

Existem infinitas formas de trabalhar a diferenciação que envolve marca, atendimento, *status*, pós-venda, durabilidade, marketing, embalagem, propaganda, entrega, *design*, localização, qualidade, momento e período, experiência anterior, satisfação, comodidade, utilidade, garantias, *layout*, pagamento, entre muitos outros.

Quando a modelo Gisele Bündchen estrelou a campanha de marketing da C&A, a empresa alavancou suas vendas em 20%.[20] No entanto, esse "efeito Bündchen" não pode ser mensurado pelas frias fórmulas de precificação.

Preço é o montante pelo qual um produto ou serviço deve ser vendido de forma a transmitir o valor desejado e alavancar

---

[19] Disponível em <http://carsale.uol.com.br>.

[20] *Dinheiro na Semana*, 29 maio 2002.

a receita total da empresa, gerando riqueza para que esta possa ter longevidade mercadológica.

Jagmohan S. Raju e Z. John Zhang,[21] dois professores do Departamento de Marketing da Wharton, acreditam que elaborar estratégias de preços apropriadas é um fator crucial num mundo competitivo como o de hoje. Raju ressalta que a definição de preços deve ser sistemática e estratégica. Uma atitude empírica pode afetar os resultados. "Um dos conceitos errôneos sobre essa questão é achar que se trata de uma decisão que pode ser tomada depois que já foi feito tudo para desenvolver um produto", explica Raju. "A definição de preços deve ser parte integrante do plano de colocação de um produto no mercado desde o seu começo. Não pode ser uma abordagem improvisada."

Há de se saber que o lucro, por mais importante que seja, é *conseqüência* do gerenciamento do *mix* de produtos e o preço é da gestão empresarial como um todo. Além disso, a dinâmica mercadológica atual faz com que sempre haja novos produtos substitutos, inúmeros concorrentes, diferentes percepções e inúmeros aspectos externos que influenciam e determinam o preço.

No entanto, é importante deixar bem claro que "custos nunca devem determinar o preço, porém exercem um papel fundamental na formulação de uma estratégia de apreçamento".[22]

[21] Raju e Zhang, 2005.
[22] Nagle e Holden, 2003:15.

Conclusão

Prezado leitor, agora é com você.

Todo o nosso trabalho teve como objetivo apresentar, com um formato didático, os conceitos fundamentais de gestão de custos, seja nas terminologias, nas classificações, nos sistemas de custeio, na apresentação dos cálculos de margem de contribuição, ponto de equilíbrio, formação de preços, entre vários outros aspectos, bem como divulgar, no que foi possível, a experiência acumulada pela nossa prática acadêmica e empresarial.

Acreditamos ser necessário ressaltar a nossa convicção de que o estudo alimenta nossa consciência e nos liberta para um processo decisório consciente. A elaboração deste livro nos mostrou o quanto é grande a oportunidade para o aprendizado nesta área, ou em qualquer outro ambiente do conhecimento, com estudo consistente e contínuo.

Durante a elaboração deste livro nosso aprendizado foi enorme, como esperamos seja o seu, abrindo seus horizontes em um ambiente do conhecimento tão árido e que tanta importância tem para o processo decisório empresarial.

Esse talvez tenha sido o maior incentivo ao nosso trabalho. Sabedores da importância desse conhecimento para o sucesso empresarial, procuramos, ao longo de todos os capítulos, apresentar de forma leve e didática seus conceitos, sempre acompanhados de exemplos que recebemos de nossos alunos, nas suas dúvidas apresentadas em sala ou pela simples colocação das experiências profissionais vividas.

O cenário atual apresenta um mercado altamente competitivo, fazendo com que as empresas busquem de forma consistente maior participação de mercado e cobrem de seus executivos melhores resultados. Isso faz com que a gestão de custos assuma um dos alicerces fundamentais para o processo decisório. Afinal, como observamos ao longo deste livro, não adianta simplesmente aumentarmos as receitas sem o devido controle do comportamento dos custos envolvidos, ou seja, qualquer empresa terá problemas quando suas receitas aumentarem em uma proporção inferior ao aumento dos custos.

Dessa forma, buscamos demonstrar os conceitos e indicadores mais significativos necessários ao processo de gestão utilizando exemplos práticos.

Mas fica o alerta: cada empresa é uma entidade única. Cabe ao gestor, com sua experiência e conhecimento, tentar compreendê-la e saber que os procedimentos que se aplicam a um determinado processo numa empresa podem não obter o mesmo sucesso em outro ambiente, mesmo quando pensamos em organizações de mesmo ramo de negócios.

Além disso, a gestão de custos não é estática. Demanda, a cada instante, que se reflita sobre o ambiente de negócios no qual a empresa está inserida. Por exemplo, o que, há cinco anos, fazia parte do processo operacional, hoje, com novas tecnologias, pode representar desperdício. Portanto, o gestor deve sempre buscar novas alternativas e conhecimentos necessários para a gestão adequada de custos, a fim de satisfazer seus dois objetivos primários empresariais, quais sejam: o aumento da sua fatia de mercado e a melhora constante e consistente de seus resultados.

Nossa maior expectativa é de que você possa encontrar respostas para as suas dúvidas atuais, permitindo qualificar suas decisões operacionais no presente e capacitando-o para a busca das soluções das perguntas que ainda não foram formuladas.

Referências bibliográficas

ANTHONY, Robert N.; DEARDEN, John; GOVINDARAJAN, Vijay. *Management control systems*. 7. ed. Illinois: Richard D. Irwin, 1991.

ASSEF, Roberto. *Manual de gerência de preços*: do valor percebido pelo consumidor aos lucros da empresa. Rio de Janeiro: Campus, 2002.

______. *Guia prático de formação de preços*: aspectos mercadológicos tributários e financeiros para pequenas empresas. Rio de Janeiro: Campus, 2003.

ATKIN, B. Pricing policy. In: POCOCK, M. A.; TAYLOR, A. H.; GREENWOOD, Robert P. *Handbook of financial planning and control*. 2. ed. Hampshire, UK: Gower, 1988.

BRUNI, Adriano Leal; FAMÁ, Rubens. *Gestão de custos e formação de preços*. São Paulo: Atlas, 2002.

CARSALE. Sítio da empresa. Disponível em: <http://carsale.uol.com.br>. Acesso em: 20 out. 2006.

CÁSSIA, Sandra de. Você cobra o preço certo? *Meu Próprio Negócio*, ano 4, n. 36, p. 27, 2006.

CONSELHO REGIONAL DE CONTABILIDADE (SP). *Custo com ferramenta gerencial*. 8. ed. São Paulo: Atlas, 1995.

DINHEIRO NA SEMANA. 29 maio 2002. Disponível em: <www.terra.com.br/istoedinheiro/248/nestasemana/>. Acesso em: 20 jun. 2002.

DOLAN, Robert J.; SIMON, Hermann. *O poder dos preços*: as melhores estratégias para ter lucro. São Paulo: Futura, 1998.

DUTRA, René Gomes. *Custos*: uma abordagem prática. 5. ed. São Paulo: Atlas, 2003. Livro-texto.

FERREL, O. C.; HARTLINE, Michael D.; L. JUNIOR, George H.; LUCK, David. *Estratégia de marketing*. Rio de Janeiro: Atlas, 2000.

HORNGREN, Charles T.; FOSTER, George; DATAR, Srikant M. *Contabilidade de custos*. 9. ed. Rio de Janeiro: LTC, 2000.

KOTLER, Philip. *Administração de marketing*: 5. ed. São Paulo: Atlas, 1998.

______. *Administração de marketing*: a edição do novo milênio. 10. ed. São Paulo: Prentice Hall, 2000.

LEONE, George Sebastião Guerra. *Curso de contabilidade de custos*. 2. ed. São Paulo: Atlas, 2000.

MARTINS, Eliseu. *Contabilidade de custos*. São Paulo: Atlas, 1996.

NAGLE, Thomas T.; HOLDEN, Reed K. *Estratégia e táticas de preços*: um guia para decisões lucrativas. 3. ed. São Paulo: Prentice Hall, 2003.

RAJU, Jagmohan S.; ZHANG, Z. John. *Escolher a estratégia de preços errada pode custar caro.* Disponível em: <www.wharton.universia.net/index.cfm?fa=printArticle&ID=600&language=Portuguese>. Acesso em: 15 ago. 2005.

SARDINHA, José Carlos. *Formação de preço*: a arte do negócio. São Paulo: Makron Books, 1995.

SHANK, John K.; GOVINDARAJAN, Vijay. *A revolução dos custos*. 7. ed. Rio de Janeiro: Campus, 1997.

Os autores

Alfredo Augusto Gonçalves Pinto

Mestre em administração pública pela Ebape/FGV, graduado em ciências contábeis pela Faculdade de Ciências Contábeis e Administrativas Moraes Júnior. É professor na FGV, nos cursos de MBA, nas disciplinas contabilidade, análise e interpretação de balanços, custos, orçamento, auditoria e controladoria e, nos Cursos de Graduação em Administração e Economia, na disciplina introdução à contabilidade. Atua como consultor em projetos de investimentos imobiliários e finanças pessoais. Sua experiência inclui as posições de auditor na Peat, Marwick, Mitchell & Co. Auditores Independentes e na PriceWaterhouse Auditores Independentes; auditor e contador na Petrobras.

André Luis Fernandes Limeira

Mestre em ciências contábeis pela Faculdade de Administração e Finanças da Universidade do Estado do Rio de Janeiro, contador pela Faculdade de Ciências Contábeis e Administrativas Moraes Júnior, doutorando em gestão, com concentração em contabilidade pelo ISCTE — Lisboa. É coordenador acadêmico dos MBAs em Gestão Empresarial e Gestão Financeira, Controladoria e Auditoria do Programa FGV Management e professor das disciplinas gestão de custos e contabilidade para executivos. Ex-auditor da Deloitte Touche Tohmatsu. Co-autor do livro *Contabilidade para executivos*, da Série FGV Management. Autor de artigos na área de custos e contabilidade financeira.

Carlos Alberto dos Santos Silva

Mestre em ciências contábeis pela Faculdade de Administração e Finanças da Universidade do Estado do Rio de Janeiro. Pós-graduado em administração de empresas e graduado em economia pela Faculdade de Economia São Luís, em São Paulo. Atuou em empresas de grande porte, destacando-se Laboratórios Anakol S.A., Alcatel Telecomunicações S.A. e Letraset Brasil S.A., em funções de gerência e diretoria financeira. É professor e coordenador acadêmico de programas de MBA do FGV Management. Autor de diversos artigos publicados em revistas especializadas e co-autor dos livros *Contabilidade para executivos* (Editora FGV) e *Controladoria estratégica* (Editora Atlas).

Fabiano Simões Coelho

Mestre em ciências contábeis pela Faculdade de Administração e Finanças da Universidade do Estado do Rio de Janeiro. Pós-graduado em ciências contábeis pela FGV. Graduado em ciências contábeis pela Uerj. Trabalhou como prestador de serviços de consultoria para Jucerja, Asep e outras empresas. Professor das disciplinas gestão de custos, contabilidade para executivos e formação de preços dos programas MBA da Fundação Getulio Vargas. Coordenador do MBA em Gestão Financeira do FGV Management. Autor de trabalhos publicados em revistas especializadas no Brasil e no exterior.

Este livro foi impresso nas oficinas gráficas da Editora Vozes Ltda.,
Rua Frei Luís, 100 – Petrópolis, RJ,
com papel fornecido pelo editor.